高质量的专利申请文件

—— 2013年专利审查与专利代理学术研讨会优秀论文集

中华全国专利代理人协会 ⊙ 编

内容提要

本书是 2013 年专利审查与专利代理高端学术研讨会优秀论文集，主要从专利申请文件撰写、专利审查和专利诉讼等角度阐述如何提高专利申请文件的质量以及在专利申请文件撰写过程中如何体现专利申请策略。各位作者结合自己的工作实践，阐述了其对某一个问题的看法及观点，对促进我国专利申请文件质量的提高具有重要的推动作用。

责任编辑：卢海鹰　胡文彬　　　　　责任校对：韩秀天
装帧设计：胡文彬　　　　　　　　　责任出版：卢运霞

图书在版编目（CIP）数据

高质量的专利申请文件：2013 年专利审查与专利代理学术研讨会优秀论文集/中华全国专利代理人协会编. —北京：知识产权出版社，2013.10（2014.9 重印）（2016.11 重印）
ISBN 978-7-5130-2372-6

Ⅰ.①高… Ⅱ.①中… Ⅲ.①专利权法–中国–学术–会议–文集
Ⅳ.①D923.424-53

中国版本图书馆 CIP 数据核字（2013）第 247531 号

高质量的专利申请文件
——2013 年专利审查与专利代理学术研讨会优秀论文集
中华全国专利代理人协会　编

出版发行：知识产权出版社
社　　址：北京市海淀区西外太平庄 55 号　　　邮　编：100081
网　　址：http://www.ipph.cn　　　　　　　邮　箱：bjb@cnipr.com
发行电话：010-82000860 转 8101/8102　　　传　真：010-82005070/82000893
责编电话：010-82000887　82000860 转 8031　责编邮箱：huwenbin@cnipr.com
印　　刷：保定市中画美凯印刷有限公司　　　经　销：各大网上书店、新华书店及相关销售网点
开　　本：720mm×960mm　1/16　　　　　　印　张：12.5
版　　次：2013 年 11 月第 1 版　　　　　　　印　次：2016 年 11 月第 3 次印刷
字　　数：236 千字　　　　　　　　　　　　定　价：42.00 元（附光盘）
ISBN 978-7-5130-2372-6

出版权专有　侵权必究
如有印装质量问题，本社负责调换。

2013年专利审查与专利代理学术研讨会征文评审委员会

主 任：杨 梧

副主任：林柏楠　马　浩　王宏祥　姜建成　李　勇
　　　　任　虹　陈　浩　胡　杰　吴大建　徐媛媛

委　员：廖　涛　徐　聪　葛　树　王　澄　李永红
　　　　卜　方　陈　伟　崔伯雄　刘志会　张茂于
　　　　魏保志　毕　囡　胡文辉　郭　雯　崔　军
　　　　闫　娜　杨　梧　林柏楠　马　浩　王宏祥
　　　　姜建成　李　勇　任　虹　陈　浩　胡　杰
　　　　吴大建　王达佐　龙　淳　刘　芳　余　刚
　　　　张建成　李卫东　陆锦华　寋　炜　吴观乐
　　　　徐媛媛　寿　宏

秘书组：
　　　　组　长：徐媛媛
　　　　副组长：王　芸
　　　　组　员：苏　林　李海玲　赵晓峰

序　言

2013年是我国《国家知识产权战略纲要》颁布实施5周年。5年来，我国社会知识产权的创造、运用、保护、管理能力不断提升，知识产权事业取得了长足进步，知识产权服务业作为其中一个重要部分，也取得了快速发展，对提升自主创新水平、提高经济发展效益、促进产业结构战略性调整升级起到了重要作用。

为了活跃专利代理行业的学术氛围，中华全国专利代理人协会从2010年起，每年都举办专利审查与专利代理学术研讨会，为广大从业者提供了一个开放的学术交流平台。当前，中国专利事业已进入推动国家核心竞争力提升、服务经济发展方式转变的新阶段，专利也正由数量速度型向质量效益型转变。为了配合这一发展趋势，2013年研讨会征文活动的主题涉及"高质量的专利申请文件"。在国家知识产权局相关部门和各专利代理机构的大力支持下，本次征文活动取得了圆满成功，共收到稿件229篇。各位专利代理人和专利审查员结合自身工作实践，从专利挖掘、专利申请策略、通知书答复等角度分享经验，发表见解。

本次征文活动评审委员会的成员包括国家知识产权局特邀专家，协会会长、副会长、部分常务理事，协会学术委员会和部分专业委员会主任、副主任以及协会秘书处的评委。本次评审工作实行匿名制，在科学、公正和公平的基础上，评审委员会对所有来稿进行了认真筛选和评比，共评选出优秀论文22篇。

为了激励征文作者的踊跃参与精神，尊重他们的学术成果，评审委员会将优秀论文结集出版。本书的出版是本届学术研讨会的重要成果，对知识产权服务业的建设和发展，对广大知识产权服务业从业者学术水平的提高起到了积极的促进作用。

在此，中华全国专利代理人协会衷心地感谢各界人士对知识产权服务业发展给予的关注和支持，感谢各位撰稿人及所在单位对本次征文活动的积极参与和大力支持，感谢征文评审委员会全体委员的辛勤劳动！

对于本书中存在的不妥之处，敬请广大读者斧正。

中华全国专利代理人协会
二〇一三年九月二十八日

目 录

第一部分 高质量的专利申请文件概述

专利申请中"一案两请"策略的运用浅析 …………………… 平 超（3）
从审查角度浅谈专利申请文件撰写质量的提高 ……………… 王 欣（8）
申请人的过度配合对申请文件质量的
　影响及改进措施探讨 ………… 王志远 刘冬生 李敏兰 王 蕊（15）
浅处无妨有卧龙 ……………………………………………… 郑建华（23）
从权利要求解释角度谈专利申请权利要求书、
　说明书及附图清楚性的审查 ………………………… 宋月箫 庄 驰（31）
　　　　　　　　　　　　　　　　　　　　　　　　　 杨 杰 向 洁
深度挖掘现有技术，构建完美保护范围 …………………… 马 圆（38）
　——从检索的视角来看专利申请文件的质量提升
发明专利申请文件的撰写 ………………………………… 施晓雷（46）
由专利侵权诉讼的典型案例谈专利申请文件的撰写 ……… 尹 昕（61）
本领域技术人员的概念在审查实务中的影响及对策 ……… 朱 弋（69）
如何撰写专利申请文件来对抗专利
　间接侵权 ………………… 段登新 李镝旳 潘明婳 胡利鸣（82）
背景技术并非总是做背景 …………………………… 布文峰 周 勤（91）

第二部分 机电领域高质量的专利申请文件

如何撰写高质量发明专利申请
　文件 ………………… 姚李英 张 昱 原绍辉 汲长志（103）
从"易清洗多功能豆浆机"系列无效宣告案看申请
　文件的撰写 ………………………………………… 王 汇 王扬平（114）

从实际侵权检测的角度看如何提高计算机
　软件相关申请的撰写质量 ……………………………………… 李镇江（121）
涉及算法的专利申请的
　客体判断方法 ………… 徐秋杰　陈敏泽　肖　薇　宋晓琳　殷华宇（127）
测控领域发明专利申请撰写的几点建议 …… 张　筠　梁洪峰　冉小燕（136）
如何助力中国计算机软件、网络、通信、商业方法类
　发明孵化出美国专利"金蛋" ……………………………………… 张浴月（143）

第三部分　化学领域高质量的专利申请文件

从一则药品专利侵权案例探讨专利申请文件的
　撰写 …………………………………… 高　超　康旭亮　杨琳琳（155）
从无效诉讼案例看化工领域专利申请权利
　要求的概括技巧 ………………………………… 邢维伟　刘彦明（162）
创造性问题须未雨绸缪 …………………………………………… 刘海罗（170）
　——在撰写中夯实创造性根基
常规药物制剂专利申请文件撰写缺陷和
　创造性答复误区 ………………………… 王　菲　田小藕　李濯冰（176）
透过侵权诉讼和无效诉讼看申请文件的撰写 …………………… 李小童（184）

（论文按主题分为三个部分，各部分中的论文排名不分先后。——编者注）

第一部分

高质量的专利申请文件概述

专利申请中"一案两请"策略的运用浅析

平 超[*]

【摘 要】

"一案两请"是专利申请中一种较为特殊的申请策略,也是综合运用发明专利和实用新型专利两种专利制度的具体体现,其对申请文件的准备、撰写、申请时机及运用都有着一定的特殊性,本文尝试性地对这一申请策略的运用及其对申请文件撰写的特殊要求进行分析,以期为企业更好地运用这一策略,提高专利申请文件质量和专利运用能力提供新思路。

【关键词】

"一案两请" 保护范围 重复授权 抵触申请

一、什么是"一案两请"

发明和实用新型是我国专利制度中重要的两种专利制度,根据《专利法》第2条的规定,发明是指对产品、方法或者其改进提出的新的技术方案,实用新型是指对产品的形状、构造或者其结合所提出的适于实用的新的技术方案。从上述规定可以看出,在我国如果希望对产品的技术方案进行专利保护,可以选择申请发明专利也可以选择申请实用新型专利进行保护。

从《专利法》的规定来看,发明和实用新型两种不同类型专利对于产品技术方案保护的主要区别在于发明创造的高度和保护期限两个方面,《专利法》根据发明和实用新型两种专利制度设置的不同目的,对于两者的创造性高度进行了不同的规定,对于发明专利要求"具有突出的实质性特点和显著的进步",对于实用新型专利仅要求"具有实质性特点和进步",即对发明专利的创造性要求要比实用新型专利更为严格、发明创造的高度更高。相应地,对于创造性高度更高的发明专利,《专利法》相应给予了更长的保护期限,即

---

[*] 作者单位:国家知识产权局专利局实用新型审查部。

自申请日起 20 年；而给予实用新型专利的保护期限则只有 10 年。

从目前的审查进展来看，实用新型专利的审查周期为 4.7 个月，发明专利实审审查周期为 22.9 个月。❶ 从上述数据可以看出，虽然发明专利的审查周期较以前已有一定缩短，但由于发明专利申请有初步审查后 18 个月公开和实质审查程序两个法定审查程序，其审查周期较只有初步审查程序的实用新型专利仍有较大差距。

鉴于两种专利的上述区别，申请人在对产品的技术方案申请专利保护时，通常会根据其发明创造的高度、产品的生命周期及企业的专利战略选择申请保护期限更长的发明专利，或者选择审查周期较短、创造性高度要求较低的实用新型专利。但是在有些情况下，申请人为了更早地获得专利保护又期望获得更长的保护期限时，也可以采用对同一产品技术方案同时申请发明和实用新型两种专利保护的申请策略，即"一案两请"。

二、"一案两请"的同日申请策略运用

1. 同日申请保护范围相同的申请策略运用

关于同日申请保护范围相同的"一案两请"策略，在学术界和司法实践中一直有着很多的争论，主要可分为"授权状态论"和"授权行为论"，❷ 其争议的焦点主要集中在对于避免重复授权原则的理解。"授权状态论"认为避免重复授权是指避免在同一时间出现两个保护范围相同的专利权，而"授权行为论"认为这一原则应理解为对于一项专利权只能作出一次授权。而在具有实用新型或类似制度的国家中，对于这种申请方式也有着不同的规定：允许同时申请并允许两个权利并存（以德国为代表）；允许同时申请但不允许两个权利并存（以韩国为代表）；不允许同时申请等（以日本为代表）。❸

而在我国，对于同一发明创造同日申请发明和实用新型的申请方式已有多年的运用，也是目前"一案两请"策略运用最普遍的情形。这一申请策略的产生最初是为了缓解 20 世纪 90 年代申请量持续增加与审查力量严重不足之间的矛盾应运而生的。❹ 在第三次《专利法》修改时，这种申请方式得以固化，

---

❶《中华人民共和国国家知识产权局 2011 年度报告》。
❷关于同一申请人同时或先后申请发明与实用新型专利的问题分析 [EB/OL]．[2011 - 12 - 09]．http：//wenku．baidu．com/view/8720d4f1f61fb7360b4c65ee．html．
❸"台湾经济部智慧财产局"．专利法制与实务论文集（一）[M]．台北："经济部智慧财产局"，2006：394．
❹国家知识产权局条法司．《专利法》第三次修改导读 [M]．北京：知识产权出版社，2009：35．

并对相应申请行为进行了规范，允许同一申请人同日对同样的发明创造既申请实用新型专利又申请发明专利，在先获得的实用新型专利处于有效状态时，申请人可以通过声明放弃该实用新型专利权的方式来获得发明专利权。

这一申请策略运用涉及的法律条文主要有《专利法》第9条第1款和《专利法实施细则》第41条。其中，《专利法》第9条第1款将避免重复授权原则具体化，并对同人同日申请发明和实用新型设置了特例。这一规定的主要目的是为了避免同时存在两项保护范围相同的专利权；同时允许在特殊的情形下，对同样的发明创造作出两次授权行为。《专利法实施细则》第41条进一步对这一特例成立的形式要件进行了规定，要求申请人在提交申请时分别提交同日申请发明和实用新型声明。

申请人通过这一申请策略可以在较短的时间内获得一项专利权的保护，以便企业尽早地行使专利权，为实施或许可他人实施该专利生产专利产品提法律保障，有利于企业在激烈的市场竞争中更快地推出新产品，更早地占领市场。同时，还可以在发明专利申请授权时，根据企业专利战略的需要，选择是否放弃已经获得实用新型专利权，是否需要采用发明专利权给予产品更长时间的保护。如果在发明专利授权该产品的生命周期已经结束，例如更新换代较快、产品周期比较短的消费电子领域，企业还可以选择放弃发明专利权，维持实用新型专利权，这样既保留了专利权又可以减少专利年费的支出。

需要注意的是，并不是所有产品专利申请都适合使用这一策略。由于实用新型专利的审查周期相对较短，4个月左右就可以得到授权，因此对于一些企业并不急于推向市场的产品，就需要考虑是否采用这一申请策略进行申请，避免企业的商业计划被动泄露，导致尚在研发中未做好上市准备的产品过早曝光，被竞争对手掌握产品研发动向和市场开发趋势。同时，对于一些产品尚在研发初期、可能仍有后续系列申请的企业也需要注意，避免过早公开的实用新型专利成为影响后续系列申请专利性的绊脚石。

另外，根据《专利法实施细则》第41条第5款的规定，实用新型专利权自公告授予发明专利权之日起终止。因此，对于已经将实用新型专利许可他人实施的企业需要重新与被许可人签订专利权许可合同；对于已经将实用新型专利用于产品宣传的需要重新设计产品宣传内容，避免被竞争对手抓住把柄；对于尚未审结的相关侵权诉讼也需要做好追加诉讼请求或调整诉讼策略的工作；尤其是，对于筹备上市或者有信息披露义务的企业需要将这一专利权变化情况及时向有关部门和公众披露。由此可见，对这一申请策略的使用不但要求企业根据自身产品情况企业发展状况来合理运用，也要求企业有着扎实严谨的知识产权管理体系和综合运用能力。

2. 同日申请保护范围不同的申请策略运用

同日申请保护范围不同的申请方式，严格地说并不属于传统意义上的"一案两请"。这里提出的同日申请保护范围不同的申请方式主要是指：对于同一产品技术方案，申请人采用同日申请发明专利和实用新型专利，但在权利要求书的撰写时，适当扩大发明专利申请的保护范围，对实用新型专利申请适度缩小保护范围。

由于实用新型与发明的权利要求限定的保护范围不同，从专利法的角度来看，这一申请策略可以有效避开《专利法》第9条关于同样的发明创造只能授予一项专利权的规定。同时，由于发明专利与实用新型专利是同日申请，实用新型专利的授权公告也不会对发明专利构成抵触申请或现有技术，从而有效地规避《专利法》第22条关于专利"三性"的相关规定。由于实用新型专利的保护范围较具体，加之《专利法》对实用新型专利创造性的要求较低，"一案两请"实际上起到了增强实用新型专利权稳定性的作用。即便发明专利在后续程序中被宣告无效，企业仍然有可能保留住实用新型的专利权，对产品起到专利保护的作用。

从企业专利运用的角度来看，这一申请策略可以使得企业在较短时间获得一项专利权，为产品生产销售和市场运作提供法律支持；同时，由于实用新型专利的保护范围在申请时进行了适度限定，因此其专利保护中也更易于获得较高的稳定性。而对于同日申请的发明专利而言，由于较实用新型撰写了更大保护范围，其也加大了竞争对手规避设计的难度，同时由于两者保护范围的不同，在发明专利公开前发明专利的保护范围仍然具有保密性，从而挤压竞争对手进行规避设计的研发时间。由于发明与实用新型专利具有不同的保护范围，企业在获得发明专利授权时，可以不用放弃已经获得实用新型专利权，而两项可以相互配合的专利权也可以为产品提供更全面多层次的专利保护，为企业的知识产权运用提供更丰富的组合方式。

当然，保护范围的扩大也可能造成发明专利不满足《专利法》第22条的相关规定。因此，在运用这一申请策略时需要注意，在同日申请之时，仍然有必要进行同日申请发明和实用新型声明，为发明专利实质审查程序的权利要求修改做好准备，以便在发明专利修改后的权利要求与实用新型专利具有相同保护范围时适用《专利法》第9条第1款的规定，保留放弃实用新型专利权，选择发明专利权的机会。另外，在运用同日申请保护范围不同的申请策略时，需要慎重采用实用新型权利要求撰写大范围、发明权利要求撰写小范围或者两者权利要求部分权利要求保护范围撰写相同的方式。

三、"一案两请"的不同日申请策略运用

对同一产品采用先后申请发明和实用新型的申请方式也是一种可行的有助于企业完善专利保护体系的申请策略。企业在对产品技术方案进行专利申请时，可以先提交发明专利申请，在发明专利申请公开前对权利要求的保护范围进行适当调整申请实用新型专利。

这一申请策略并不基于专利申请的优先权制度，优先权制度主要是为了解决技术研发过程中系列申请的问题。而"一案两请"的不同日申请策略主要是为了让企业既能更早地行使专利权又能获得较长的保护期限。因此，企业在运用这一申请策略时，应当注意其与优先权制度的区别，在提交实用新型专利申请时不应当要求在先发明专利申请的优先权，避免发明专利申请因为被要求国内优先权而视为撤回。

适当调整保护范围也是这一申请策略运用的关键。为了保留在先申请的发明专利的授权可能，在后实用新型申请并不享有在先发明专利的优先权，因此，在申请在后实用新型申请时，要注意规避在先发明专利申请构成影响在后实用新型申请新颖性的抵触申请，破坏在后实用新型专利的新颖性，从而影响在后实用新型专利的稳定性。因此，在撰写在后实用新型专利申请的权利要求时，需要注意其所要求保护的技术方案是否已经记载在在先发明专利申请的全部申请文件中，在能够满足产品专利保护需求的前提下，对在先发明专利申请的保护范围进行适当调整形成实用新型申请的权利要求。

采用这一策略最大的优势在于弥补了企业在发明专利申请后又发现产品的市场运营急需专利权保护、而发明尚未授权而出现的权利真空期，使得企业能够更早地行使权利。同时，由于两件专利有着不同的保护范围，也可以为企业提供更全面的专利保护。

四、结　语

"一案两请"作为企业实施专利战略的重要手段，其解决了企业尽早获得专利保护需求和发明专利审查周期较长的矛盾。同时，由于实用新型专利较发明专利对于创造性要求相对较低，"一案两请"的申请策略对专利权的稳定性起到了"双保险"的作用，也为企业提供了多层次多类型的专利保护途径。

从审查角度浅谈专利申请文件撰写质量的提高

王　欣[*]

【摘　要】

　　高质量的专利申请文件对于专利审查和可能涉及的后续程序，以及实现专利的市场价值都有着非常重要的影响。本文从实质审查的角度入手，结合申请文件的常见撰写问题，从几个方面提出了改善专利申请文件撰写质量的建议。

【关键词】

　　高质量　申请文件　撰写　实质审查

一、引　言

　　在审查工作中，笔者经常要阅读大量的申请文件和/或专利文件。有的文件结构清晰，层次分明，看完后一目了然，而有的文件结构臃肿，逻辑混乱，看完后一头雾水，当然这是两种比较极端的情况，大多数的文件介于这两者之间。对于审查来说，申请文件不仅要让阅读者能读懂，而且要符合专利法律法规的相关规定，因此对于申请文件的撰写质量的要求会更加严格。

　　在发明的实质审查过程中，接触到的主要有三种情况的申请文件：一是来自国内申请人和/或专利代理人撰写的申请文件，是原创的；二是根据已有的外文申请，翻译过来的申请文件，在内容上基本是原版引进的；三是在答复通知书或主动修改时提交的经过修改的申请文件，可以算是二次撰写。以下分别进行分析。

---

[*] 作者单位：国家知识产权局专利局电学发明审查部。

二、原创的申请文件

如果申请人是来自国内的个人、公司或其他组织，那么其提交的专利申请文件通常是由国内的申请人或专利代理人自己撰写的。在理解了发明的技术内容的实质和对相关现有技术进行调研后，就可以开始着手撰写申请文件，其中最重要的是撰写权利要求书，包括独立权利要求和从属权利要求。

通常，独立权利要求应当满足下列要求：

（1）在合理的前提下具有较宽的保护范围，能够最大限度地体现申请人的利益；

（2）清楚、简明地限定其保护范围；

（3）记载了解决技术问题的全部必要技术特征；

（4）相对于客户提供的现有技术和检索到的对比文件具有新颖性和创造性；

（5）如果撰写的独立权利要求为两项或两项以上，请注意是否能够合案申请。

（6）符合《专利法》及《专利法实施细则》关于独立权利要求的其他规定。

从属权利要求应当满足下列要求：

（1）从属权利要求的数量适当、合理；

（2）与被引用的权利要求之间有清楚的逻辑关系；

（3）当授权后面临不得不缩小权利要求保护范围的情况时，能提供充分的修改余地；

（4）符合《专利法》及《专利法实施细则》关于从属权利要求的其他规定。

作为申请人，总希望申请能取得最大的保护，因此在撰写权利要求书时应尽量撰写出一个保护范围较宽的独立权利要求。为此，在撰写时不要局限于发明或实用新型的具体实施方式，应尽可能采用概括性描述来表述技术特征。

申请人在构思其发明或实用新型时，会设计出一种最佳实施方式。在撰写独立权利要求时，若局限于此实施方式，往往会使其保护范围过窄，第三者在实施时，对其稍作改变，就有可能绕过此独立权利要求的保护范围而不侵权。因此，申请人或其专利代理人应当仔细分析该具体实施方式，确定哪些是解决技术问题必不可少的技术特征，在这些特征之中是否有一部分可用类似的结构达到相同或相近的效果，可否用概括性的描述来表达，以便撰写出保护范围较

宽的独立权利要求。❶

经过适当地概括形成的独立权利要求的保护范围加大了，但必然会对本专利申请的新颖性、创造性带来影响。为了增加此申请取得专利的可能性和在批准专利后更有利于维护专利权，可按其具体实施方式来撰写从属权利要求。

在审查程序中，一旦独立权利要求缺少新颖性或创造性，审查员就可进一步判断此从属权利要求是否还有新颖性或创造性，而不必等申请人修改独立权利要求后再继续审查，从而可加快审查程序。

而在无效宣告程序中，从属权利要求的重要性就更为突出了。此时若独立权利要求不能成立，一般只允许将从属权利要求上升为独立权利要求，而不允许专利权人将说明书中的技术内容补充到权利要求中去。因此从属权利要求成为无效宣告程序中专利权人的多道防线，为专利留出退路。

从属权利要求的另一个作用是限定一些比较有商业应用价值的具体解决方案。在侵权诉讼中，这样的从属权利要求使专利权人十分主动，由于它将保护范围限定得十分明确而使对方无纠缠余地。同样，这种从属权利要求在许可证贸易中对专利权人也十分有利。由此可知，撰写好从属权利要求也是十分重要的。

在撰写从属权利要求前，对该申请的附加技术特征逐个进行分析，从其中选出那些重要的、对该申请的新颖性、创造性起作用的技术特征，写成从属权利要求。❷

从审查的角度看，审查意见中提出的关于申请文件撰写的常见问题有：

（1）多个独立权利要求之间不具备单一性，不符合《专利法》第31条第1款的规定。根据《专利法》第31条规定，属于一个总的发明构思的两项以上的发明或者实用新型可以作为一件申请提出。这些申请案的权利要求书包含有多项独立权利要求，其中权利要求1是第一独立权利要求，也可称作主权利要求，其余几项独立权利要求称作并列独立权利要求。关于并列独立权利要求的撰写，可以参考以下建议❸：

① 同类型产品或方法的并列独立权利要求。

在撰写同类型方法发明、同类型产品发明或实用新型的并列独立权利要求时，必须体现出其技术解决方案与第一独立权利要求具有同一发明构思，也就是说两者技术解决方案中，尤其是反映其对现有技术所做贡献内容的特征部分包含有相同的或者相应的特定技术特征。

---

❶❷❸吴观乐. 发明和实用新型专利申请文件撰写案例剖析［M］. 2版. 北京：知识产权出版社，2004：41—55.

对于具有同一构思的方法发明来说，并列独立权利要求的撰写方法大致相同，其前序部分多半与第一独立权利要求相同，特征部分具有相同方法步骤和/或工艺条件技术特征以及相应的方法步骤和/或工艺条件技术特征，以体现这些方法发明属于一个总的发明构思。

但对产品并列独立权利要求来说，还有另一种情况，即两个产品是彼此配套的产品，其中一个产品的改进必然伴随着对另一个产品作出相应的改进，该两个产品往往也属于一个总的发明构思，可以合案申请。此时，并列独立权利要求前序部分和特征部分的技术特征与第一独立权利要求的前序部分和特征部分的技术特征相对应，以体现两者具有同一发明构思。

② 不同类型发明的并列独立权利要求。

合案申请中更常见的情况是属于一个总的发明构思的不同类型发明。如产品及其专用于制造该产品的方法，方法和实现该方法的专用设备等。在撰写这类并列独立权利要求时，为了体现它们属于一个总的发明构思，并列独立权利要求应能反映出与第一独立权利要求的产品或方法之间的关系，对此可采用两种方法表示：其一用文字直接描述第一独立权利要求中的产品或方法；其二是采用引用第一独立权利要求的语句。并列独立权利要求的特征部分应体现出与第一独立权利要求的技术方案有技术上的联系，即其区别技术特征通常对第一独立权利要求的区别技术特征有依赖关系。

（2）权利要求不清楚，不符合《专利法》第26条第4款的规定。例如，权利要求中不得使用含义不确定的用语，如"厚"、"薄"、"高温"、"很宽范围"等，除非这种用语在特定技术领域中具有公认的确切含义；又例如，权利要求中不得出现"例如"、"最好是"、"尤其是"、"必要时"等类似用语，因为这类用语会在一项权利要求中限定出不同的保护范围，导致保护范围不清楚；在一般情况下，权利要求中不得使用"约"、"接近"、"等"、"或类似物"等类似的用语，因为这类用语通常会使权利要求的范围不清楚；以及权利要求的引用关系应当清楚。并且，每一项权利要求只允许在其结尾处使用句号。在审查实践中遇到过权利要求的结尾处有两个句号或者非结尾处使用句号的情形。

（3）权利要求记载的技术方案与说明书不一致，不符合《专利法》第26条第4款的规定。审查中常遇到的权利要求不符合《专利法》第26条第4款的规定的情形之一，是权利要求得不到说明书支持，而权利要求得不到说明书支持的常见情形之一是权利要求记载的技术方案与说明书记载的技术方案不一致，由于这种情形通常是由于撰写时的笔误或不小心造成的，例如搞错了两个结构之间的相对位置关系等，这种撰写上导致的问题是容易克服的，只要足够细心。

（4）从属权利要求的撰写不当。各种从属权利要求撰写不当的情形在申请文件中时常出现。审查实践中，遇到的情形包括，从属权利要求主题名称与其引用的权利要求的主题名称不相同，例如从属权利要求的主题名称是"半导体器件"，其引用的独立权利要求的主题名称却是"半导体器件的制造方法"；或者非择一引用的情形，例如"根据权利要求1至2所述的……"，应当写成"根据权利要求1或2所述的……"或者"根据权利要求1至2中任一权利要求所述的……"；或者多项引多项的情形，例如，权利要求3为"根据权利要求1或2所述的半导体器件，……"，如果从属权利要求4写成"根据权利要求1、2或3所述的半导体器件，……"，则多项从属权利要求4引用了多项从属权利要求3，是不允许的；另外，从属权利要求应当写在其引用的独立权利要求之后，另一项独立权利要求之前，不符合的情形包括，例如，从属于独立权利要求1的权利要求写在了独立权利要求2之后。这些问题在审查中都会遇到，大部分是撰写时不够认真造成的，如果申请人和/或专利代理人在撰写申请文件时能够稍加留意，就可以克服。这些问题在早些年比较普遍，近年来越来越少了。

三、经过翻译的申请文件

如果申请人是来自外国的个人、公司或其他组织，那么其提交的专利申请文件通常是在本国已经提交的专利申请文件的中文译文。由于各国专利申请文件的主体架构基本相同，所以翻译过来的文件基本可以直接在我国提交申请。不过，由于各国专利撰写的要求也不是完全相同，所以申请文件中的部分内容可能需要适当调整。例如，美国的申请文件是将权利要求写在说明书的后面，而我国的撰写习惯则是将权利要求写在说明书的前面。还有一种最常见的情形，在外文申请文件中，从属权利要求可能存在多项引多项的情形，这时，需要对权利要求的撰写形式进行适当调整，以适合我国的专利法律法规。

四、二次撰写的申请文件

在答复通知书或提交主动修改时，由于仅是对申请文件的部分内容进行重新撰写，如果不够小心，可能会产生一些新的问题。例如，为了使独立权利要求具有新颖性和/或创造性，将从属权利要求的技术特征并入到独立权利要求中，导致新的独立权利要求与其他从属权利要求的内容出现矛盾；或者由于删除了某权利要求，或者改变了某权利要求的编号，而没有相应地修改其他从属权利要求的引用关系和/或编号，于是可能导致权利要求产生新的不清楚或缺少引用基础等问题。这样，会增加审查意见通知书的次数，延长审查周期。而如果这种情况出现在答复多次审查意见通知书时，在符合驳回时机的条件下，这种案子就有可能被驳回。其实，只要在修改权利要求书的时候，注意上下文的逻辑关系及权利要求之间的引用关系，就可以克服这些问题。

五、结束语

在笔者审查过的半导体领域的申请文件中，申请人来自世界各地，包括美国、日本、韩国、中国（含台湾、香港）、德国、法国等国家或地区，就申请文件的撰写水平而言，申请人来自美国、日本、韩国、中国台湾的申请文件撰写得相对较好，主要表现为：第一，整体内容很有逻辑性，说明书中尤其是实施例和背景技术部分描述得很清楚，附图绘制得一目了然，其上的附图标记也很明确，即使记载的实施例比较复杂，阅读者也能很快了解发明的核心及实质，来自美国和日本的申请文件在记载复杂的技术方案时通常撰写得很好；第二，权利要求的保护范围适当且数目合理。独立权利要求经过适当的概括，通常保护范围具有一定的宽度，而不是太过具体。当然独立权利要求一般也不是无限制地扩大保护范围，因为这可能会增加权利要求不具有新颖性和/或创造性的可能。同时，拥有合理数目的独立权利要求和从属权利要求。

我国在半导体领域的申请文件，大部分来自学校、科研院所、企业和/或个人，可能由于受到技术发展水平的限制，申请文件的页数一般比较少，技术方案相对简单。由于是母语的关系，说明书的清楚性和流畅性没有问题，但有时附图画得不够清楚，尤其是部件繁多的机械结构类的附图。而对于实施例的描述，似乎常常只有骨干，没有血肉，经常出现实施例与权利要求基本相同的情形。因此，实施例的撰写方式，我们有必要借鉴一些国外的好的写法。另外，可能是基于对新颖性和/或创造性的考虑，独立权利要求通常保护范围太小，例如高等院校的申请文件，通常将方法的权利要求中涉及的工艺步骤限定得极为具体，不仅将工艺参数的种类限定得面面俱到，而且其对应的数值范围限定得又很小，虽然权利要求可能会具有新颖性和/或创造性，但是由于实际获得的保护范围过于狭窄，因此专利市场价值并不大。并且，只有 1 个权利要求的权利要求书也屡见不鲜。

高质量的申请文件有利于阅读者快速了解和掌握发明的基本思想和实质内容：如果阅读者是审查员，则有利于审查员对方案的正确理解，给出合适的检索结果，作出合理的审查意见，有利于审查周期的缩短；如果阅读者是法官，有利于缩短相关的诉讼程序周期；如果阅读者是本领域技术人员，则有利于本领域技术人员对该专利价值的评判，从而有利于提高专利的市场价值。

整体上看，我国申请人和/或专利代理人的撰写水平与国外申请人和/或专利代理人相比仍有一定差距。一方面是因为和科技强国相比，现阶段我国某些领域的科技水平仍有很大的进步空间；另一方面，在美国、日本等国家，专利制度已经实施了至少上百年，也因此积累了丰富的专利撰写经验。而在我国，专利制度起步较晚，申请文件的撰写经验不足，但毋庸置疑的是，专利申请文件的水平已经有了明显的飞跃，近几年的专利申请文件中，由于撰写导致的各种形式问题已经越来越少，这表明随着申请人和/或专利代理人对专利法律法规了解的深入以及撰写经验的积累，申请文件的质量在稳步地提高。而随着我国经济实力地增强，科技的发展进步，我国有越来越多的申请人开始向其他国家和/或地区提交专利申请，寻求获得专利保护，在此过程中，我国申请人对于国外专利法律法规的接触和了解愈加深入，并且也渐渐学习和吸收了其他国家申请文件撰写的先进经验和技巧。随着科技的进步和撰写经验的积累，相信专利申请文件的质量会不断地进步，会以更好的形式呈现给阅读者。

申请人的过度配合对申请文件质量的影响及改进措施探讨

王志远* 刘冬生* 李敏兰* 王蕊*

【摘　要】

　　高质量的专利有助于企业获取和保持市场竞争优势。在当前我国专利申请现状中，受诸多因素的影响，出现了申请人对审查意见通知书过度配合的情况，导致申请人所获得的专利权与其技术贡献不相适应，严重损害了申请人的利益。对此，本文首先从专利审查机构的视角，结合实际审查案例阐述了申请人的过度配合对申请文件质量的不利影响，然后从专利申请目的、专利保护意识以及专利代理人过度引导等维度剖析了当前我国专利申请过程中产生过度配合的原因，最后结合审查实践经验，提出了一系列缓解申请人过度配合现状的改善措施。

【关键词】

　　专利申请　过度配合　质量提升

　　在市场经济条件下，拥有授权专利并不一定能帮助企业把握市场的主动权，只有稳定、有效的高质量专利方能保证企业占据市场先机。

　　一件高质量的专利是多种因素共同作用的结果，包括：创新的研究成果、完整的技术方案、专业的申请文件以及高质量的答复文件。上面任何一个环节出现问题，都会影响专利的最终质量，其中后两项在专利保护范围的确定过程中显得尤为重要。尤其在最后一个答复环节，即便前三个环节都非常到位，如果答复环节处理不当，则前期的研发、挖掘等努力都可能付诸东流。

---

* 作者单位：国家知识产权局专利局专利审查协作北京中心。

一、现　象

专利审查是审查员和申请人分别通过审查意见通知书和意见陈述书来表达观点、明确方案并最终确权的一个过程。由于审查员是作为本领域普通技术人员来进行案件审查，而申请人对技术方案的理解和相关技术方面的运用能力一般而言比本领域普通技术人员的水平要高，同样，审查员则往往比申请人对专利法规的理解要更透彻。因此双方在技术内容以及法律理解层面的信息在审查之初并不对等。审查的程序过程便是要双方在这两方面通过充分的意见交流最终达到趋同。

《专利法》及《专利审查指南2010》中对申请人的答复方式，允许其可以仅仅是意见陈述书，即，在意见陈述书中可以对审查意见通知书中的审查意见提出反对意见。审查员可以接受或者不接受该反对意见，并根据其判断给出后续的审查意见。

可见，审查员在审查意见通知书中的观点并不是不可更改的。事实上，审查意见通知书是审查员基于其掌握的内部和/或外部证据对申请文件不符合《专利法》相关规定的部分进行合理的质疑。申请人则根据审查意见进行澄清、提出反对意见或者修改申请文件，审查员会根据申请人的反馈进行后续审查，这个质疑—反馈的过程有时需要往复多次，以使得双方信息趋同、对等，并最终确定一份具有清楚、稳定、合理保护范围的专利文件。

但目前存在一种现象，即申请人为了获得最后的授权证书，对审查员在审查意见通知书中的观点百依百顺，完全配合，放弃了法律赋予其在答复时的澄清和提反对意见的权利。甚至为了尽快获得授权，还会在权利要求中加入一些额外的特征以进一步缩小保护范围。本文把这类现象称为申请人的过度配合。

【案例】

权利要求1：一种矿用烟雾传感器，其特征在于，包括：烟雾采集单元，用于……信号处理单元，用于……信号输出单元，用于……电源单元，用于……其中所述烟雾采集单元还包括自检子单元，所述自检子单元，用于……

说明书中对上述各单元及其连接方式仅给出了一种具体实现方式。

审查员在第一次审查意见通知书中指出权利要求1得不到说明书的支持，具体理由为：权利要求1中对各单元均通过其功能来限定，其中如自检子单元在说明书中仅给出了具体的特定结构，以及其与其他各子单元的具体连接方式。所属领域的技术人员根据说明书的内容不能想到其他具有相同功能的实施方式，即不能明了实现上述各功能还可以采用说明书中未提到的其他替代方式来完成，因此，该权利要求得不到说明书的支持。

申请人配合审查员的意见作出修改，将权利要求 1 修改为说明书中记载的具有各个子单元详细电路结构的具体实施例，导致权利要求 1 所记载的技术方案超过 2 页篇幅。

【分析】

由于权利要求书的作用是确定专利保护范围，而不是为公众提供为实施发明所需要的具体技术信息，申请人为获得尽可能宽的保护范围，撰写的独立权利要求一般是对具体技术方案的概括，而不是照抄说明书中披露的具体实施方案。而判断一项权利要求概括是否恰当，需要根据发明的具体情况和所属技术领域的特点，并参照相关现有技术来判定。

该案通过阅读说明书可以确定，目前公知的矿用烟雾传感器都没有自检功能，该申请的发明点在于烟雾采集单元还包括自检子单元，其他子单元则是所属领域常规的功能单元，根据他们要实现的功能，所属领域技术人员能够想到采用何种电路结构来实现。因此，申请人只需根据第一次审查意见通知书对涉及发明点的"自检子单元"作出进一步限定，并清楚描述其与其他各部件的连接关系，便可克服权利要求 1 得不到说明书支持的缺陷问题，而不需将整个实施例全部写入独立权利要求中，其中包括了其他各子单元的具体实施方式以及所有的相互连接关系。导致授权独立权利要求包含了过多非必要技术特征，保护范围不恰当被缩小。

二、导致申请人过度配合的原因

1. 部分专利申请的初衷使然

众所周知，保护范围是一项专利权的核心，是发明人创造性劳动的体现，也是专利审批过程中申请人最关注的焦点，但目前部分申请人申请专利时并不关注是否能够获得一个合理、稳定的保护范围，而是用于职称评定、高新企业评定等其他目的。上述目的的达成均是以尽快获得专利授权为前提的，所以相关的申请人为了节省时间、尽快获得授权，纷纷对审查员的审查意见通知书言听计从，即使申请人并不认同审查员的部分观点，依然会配合审查员作相应的修改，导致了许多过度配合案件的产生。

2. 申请人缺乏相关法律实务经验

专利审批是审查员在《专利法》和《专利法实施细则》的框架下为社会创新主体提供的依法行政审批服务，审查员在正式开展专利审查工作之前，都需要经过长时间的相关法律学习和事务处理培训，在专利审查过程中所生成的审查意见通知书、驳回决定等文件均属于法律文书，具有法律地位，同时也具备法律文书的庄重与严肃效力。而与审查员进行沟通的社会创新主体往往并不具备相应的法律素质，缺乏对专利法律法规的认识，沟通的双方天生存在不对称性，使得作为社会创新主体的申请人一方面难以清楚地解读审查意见通知书中的含义、另一方面难以形成有利于维护自身利益的有效答复，从而只好顺着审查员的意见进行修改。

3. 部分专利代理人的过度引导

自 1985 年专利代理制度成立以来，随着我国知识产权战略的不断深入，很多申请人逐渐意识到专利代理的重要性和便利性，截至 2011 年，年度代理量已突破 100 万件，专利代理人队伍也随之迅速壮大。但在代理案件数量激增、队伍不断壮大的同时，也出现了代理案件周期大大压缩、专利代理人水平参差不齐的问题。为了加快案件的结案周期，尽快获得代理佣金，部分责任感缺乏、职业操守不坚定的专利代理人刻意引导申请人积极配合审查员的审查意见，也导致部分过度引导案件的产生。

三、申请人过度配合对专利申请质量的影响

首先，如前所述，部分申请人提交专利申请往往是用于职称评定、高新企业评定等其他目的，而不关心实际所获得的专利权的保护范围，使得申请人在撰写和修改专利申请文件时往往喜欢大段地堆砌一些冗余的技术细节，并且各权利要求也没有给出清晰的划界，给审查员的检索和审查增加了工作量的同时，还导致了专利申请质量的明显下降。

其次，部分申请人和专利代理人认为，对审查意见的积极配合有利于快速获得相应的专利权，保障了自己的利益，有百利而无一害。

然而，上述观点仅仅是从当前的利益着眼，实质上，如果长远考虑，申请人的利益是很难保障的。实质审查过程是审查员与申请人之间就技术方案充分沟通的过程，虽然申请人通过对审查员的过度配合获得了专利权，但由于缺乏与审查员充分的沟通，最终授予的专利权的保护范围实质上与申请人对现有技术的贡献严重不匹配，简而言之，即专利权并未能充分体现申请人的创新价值。并且，如果申请人对审查员审查意见的一味顺从，则有可能导致审查过程中的一些细小疏漏未能及时发现，进而构成未来破坏专利权稳定性的潜在隐患。如，审查员给出部分会导致修改超范围的修改建议，即使申请人依照修改后获得了专利权，该专利权也是不稳定的，在后续的侵权判定、无效程序中很容易丧失专利权。

另外，由于所授予的专利权的不稳定，将会导致后续大量的无效、侵权纠纷的出现，会进一步导致审查资源的浪费。

四、举措建议

针对上述问题，笔者结合自身的审查经验给出如下几点建议：

（一）积极答复，提高答复文件质量

答复审查意见是技术专利化过程中的最后一环，高质量的答复文件有助于获得稳定且最宽的保护范围，并能够提高专利申请文件的整体质量。

1. 认识专利的真正价值，尊重自己的智慧结晶

从前面的原因分析我们知道，申请人申请专利的目的有很多种，但无论是为了评定职称，还是为了入围高新企业，其每一份专利申请文件都是发明人创新的科研成果的具体体现，都需要付出努力。因此，后期的专利化过程需要对前期的研发成果负责。要重视专利化过程中的每一个环节。因为好的研发成果的价值需要好的专利文件加以体现和保护。不要仅仅为了早日获得授权而过度缩小权利保护的范围，争取在符合《专利法》和《专利法实施细则》的相关规定的前提下，获得最大范围的权利保护，避免权益丧失。争取早日获得授权的心情是可以理解，但是获得一份稳定且保护范围恰当的专利更具有价值。

2. 充分理解立法本意，正确解读审查意见通知书

专利制度的设立是为了鼓励发明创造，提高创新能力，进而促进科学技术进步和经济社会发展。这一点在《专利法》第1条中进行了明确规定："为了保护专利权人的合法权益，鼓励发明创造，推动发明创造的应用，提高创新能力，促进科学技术进步和经济社会发展，制定本法。"其中，"保护专利权人的合法权益"，体现了专利制度不仅要充分维护专利权人的合法利益，也要充分顾及社会和公众的合法利益，过分强调某一面的利益都将无法实现专利制度"鼓励发明创造，推动发明创造的应用，提高创新能力，促进科学技术进步和经济社会发展"的作用。

专利审查的作用的就是为专利申请文件确定一个清楚、稳定、合理的保护范围。审查意见通知书就是在这个确定过程中在审查员与申请人之间起到沟通媒介的作用，申请人要根据审查意见通知书中的意见作相应的答复并在必要时对申请文件进行修改。如果理解有误，不仅会影响整个审批程序的效率，而且可能会最终导致申请被驳回或者保护范围被不合理地缩小，因此，正确理解审查意见通知书中的意见显得格外重要。但由于其属于法律文件，其中的一些法

律术语对于某些申请人或发明人来讲往往难于理解。所以，申请人在接到审查意见通知书后，如果遇到自己不熟悉的术语以至于影响到对审查意见整体含义的理解时，就必须借助于相关的工具书籍或向专利代理机构咨询，或者直接向相关审查员电话确认（审查员电话均记载在通知书表格的最后一行），确保理解正确到位，只有这样，方能做到有的放矢，给出有针对性的答复意见。

3. 事实认定准确，说理准确到位

专利保护的是相对于现有技术水平具有新颖性和创造性的技术方案。在针对如权利要求不具备新颖性或创造性的意见的答复和修改时，要基于审查意见通知书中给出的对比文件对现有技术进行重新认识，并基于该对现有技术水平的理解对申请文件进行有针对性的修改和/或意见陈述，注意做到：（1）理清本申请以及审查意见通知书中所引用的对比文件的技术方案，找出两者之间的不同之处；（2）基于对该不同点的理解指出（修改后的）权利要求所保护的技术方案的创新之处；（3）对于多篇对比文件结合评述的，注意分析结合是否具有启示，尤其针对对比文件中具有相反教导的，这需要对对比文件进行仔细阅读，看是否在审查员指出范围之外的内容有相反的或者根本没有给出解决技术问题的启示；（4）如果确实需要进一步限定独立权利要求的技术方案，也要基于根据审查意见通知书中的对比文件所确定的现有技术水平加以修改，而不是简单地将可授权从属权利要求中的附加技术特征全部引入独立权利要求，避免对权利要求保护范围不合理的主动性缩小。

对于无外部证据的审查意见，比如涉及《专利法》第26条第4款关于权利要求得不到说明书支持的审查意见以及《专利法实施细则》第20条第2款关于独立权利要求缺少必要技术特征的审查意见，当申请人不认同通知书中的审查意见时，应重点指出权利要求概括合理的理由，要站在本领域技术人员的角度，从解决的技术问题、采取的技术手段，以及能够达到的本领域技术人员可预期的技术效果等方面入手仔细分析，做到有理有据。而不要因害怕被驳回或者希望能早日获得授权而无分析地接受并修改申请文件。

（二）好的申请文件为好的答复提供支撑

我国《专利法》第33条规定，对发明和实用新型专利申请文件的修改不得超出原说明书和权利要求书记载的范围，这也意味着针对审查意见的答复必须基于申请文件中记载的内容进行修改，而申请文件作为最直接的内部证据，对授权专利的稳定性也起到了非常重要的作用。因此，在撰写专利申请文件时需要注意为后续的修改提供支撑。

1. 不要轻视背景技术的披露内容

背景技术作为说明书中的一部分，用于说明现有的相关技术发展水平及存在的不足和缺陷。申请人在撰写申请文件时，应根据自己所了解的现有知识来撰写此部分内容，并尽可能详尽地指出现有技术存在的不足之处，尤其是本申请所针对的缺陷存在多个时更要指出来，这样有助于帮助审查员对现有技术有一个基本的认识，更是对本申请文件所要解决的技术问题有个全面的了解。

但不要将自己或他人已经研究出但尚未发表，或者发表但尚未公开的技术作为现有技术写在背景技术部分，尤其没有说明这部分内容是否是发明人自身的工作。因为这样容易让审查员对现有技术有一个错误的认识。这点在对外申请时尤其重要。比如在美国专利商标局，审查员会将这部分内容直接认定为自认的现有技术（Applicant's Admissions of Prior Art，AAPA）进行本申请的评述。虽然发明人实体自身的工作不能构成申请人自认类型的现有技术，不过在没有获得可信解释的情况下，审查员一般将这种内容视为是他人的工作。

2. 注重实施例部分的撰写技巧

如果说明书中只给出一个具体实施例，在权利要求中则要求保护一个上位的保护范围，则容易导致权利要求得不到说明书的支持或者缺少必要技术特征。因此在首次撰写说明书时应尽可能公开合理多的实施例及实施例数据，这样可以扩大权利要求保护的范围，并为后续的修改提供了多种选择。如某一个部件的最佳厚度为10mm，在撰写申请文件时可增加能够重现得到本发明效果的5mm和15mm的实施例数据，或者进一步增加8mm和13mm的可选数据，这样可以得到5mm～15mm的最大权利保护范围，以及包括上述各端点值的多个保护范围，达到权利要求保护的最大化和梯度化。

需要注意的是：不能认为在实施例部分一下将范围写得很宽就能确保万无一失。比如上面的例子，如果直接在说明书中将该厚度值限定为5mm～15mm，但没有给出其他如8mm、13mm的可选实施例，虽然两种做法在权利要求的首次概括中均是8mm～15mm的最大保护范围，但两者的最大区别在于，前者的后续修改包括了5mm、8mm、10mm、15mm以及包括上述任意两个端点值的6个区间的10个可选项。而后者的修改只有5mm、15mm以及5mm～15mm三个范围可选。

3. 加强与专利代理人的沟通

如果申请人自己对专利相关法规不太熟悉，可能借助于专利代理人的专业知识能够很大程度地提高申请文件的撰写质量。这里需要强调的是，专利申请文件的撰写质量不仅取决于专利代理人的水平和认真态度，而且还和其他很多因素有关，包括：技术领域的熟悉程度、技术内容的复杂难易程度以及申请人的交底材料的完备性等。

因此，申请人自开始就要注意加强和专利代理人的沟通，保证交底材料的齐全，对于技术方案相对复杂的申请，更要将技术内容讲清楚，确保撰写人真正准确理解技术方案，并尽可能留给撰写人相对充裕的时间。

五、结束语

随着我国知识产权战略的不断深入，专利申请量已经是逐年增多，今后对专利申请文件的质量要求也会越来越高，以真正发挥专利在市场竞争中的作用。申请人要逐渐提高自己对专利文件的认识高度，重视专利过程化中的每一个环节，使专利文件能真实体现发明者的创造价值。

参考文献

［1］路伟延. 浅谈背景技术的撰写［J］. 中国发明与专利，2013（1）.
［2］徐俊峰. 浅谈我国企业知识产权管理现状及对策［J］. 中国发明与专利，2013（2）.
［3］侯海蕙. 合理规范自由裁量提高专利审批质量［J］. 审查业务通讯，2005，11（5）.
［4］尹新天. 中国专利法详解［M］. 北京：知识产权出版社，2011.
［5］美国专利法细则37CFR1.104（c）之（3）、MPEP2129 和 MPEP706.02 之Ⅲ.

浅处无妨有卧龙

郑建华[*]

【摘　要】

作为专利申请文件说明书的一个重要组成部分，背景技术扮演着抛砖引玉的重要角色，尤其是对于专利申请的授权实质性条件的判断，背景技术可谓是"浅处无妨有卧龙"。但是，在专利代理实务中，专利代理人往往忽视对背景技术的撰写设计与构思，或者是寥寥数语，语焉不详；或者是洋洋洒洒，不着边际。本文试着从提高专利申请文件的撰写质量、有利于争取专利授权的角度，对说明书中背景技术的撰写提出可行性建议。

【关键词】

背景技术　新颖性　创造性

一、引　言

党的十八大报告中明确强调要实施创新驱动发展战略，重点提出要"实施知识产权战略，加强知识产权保护，建设创新型国家"。这不仅激发了广大科技工作者和科技爱好者的科技创新热情，而且极大鼓舞了广大知识产权工作者的职业使命感、自豪感。作为知识产权体系的重要组成部分，专利在知识产权战略中占据着举足轻重的地位。专利制度坚持以公开换取保护，"为天才之火添加利益之油"，营造出社会的科技创新氛围，通过科技创新促进生产力的发展，最终促进社会的不断进步、发展。有统计数据显示，在中国，仅仅是实用新型专利申请，2011年的申请量就已经突破了58万件，2012年的申请量则已经突破了74万件，而且，后续的申请增长势头强劲，这充分说明专利越来越受到广泛的关注与尊重。有效专利权的获得，首先必须进行有效的专利申请。专利申请是根据相关法律、法规、规章进行的一系列法定程序活动的固

---

[*] 作者单位：成都九鼎天元知识产权代理有限公司。

化，首当其冲的就是专利申请文件的撰写。一份高质量的专利申请文件（最重要的就是权利要求书和说明书），对于专利申请的最终获得授权无疑具有重大意义。正是在此意义上，现行《专利法实施细则》（以下简称《实施细则》）第17条以法律条文的形式对说明书作了明确规定，并且，对于说明书的背景技术，进一步明确规定背景技术应当"写明对发明或者实用新型的理解、检索、审查有用的背景技术；有可能的，并引证反映这些背景技术的文件"。这足以证明背景技术的撰写在说明书甚至是整个专利申请文件中的重要地位。

二、背景技术撰写的误区与原因分析

《实施细则》第17条对于背景技术的规定应当理解为一般性的原则规定，其内容较为笼统、抽象，在专利代理实务中的可操作性不强。也许正因为如此，背景技术的内容很容易被专利代理人甚至审查员所忽视。但是，由于《实施细则》第17条对于背景技术的规定是个硬性规定，是说明书的撰写所绕不开的，因此，在专利代理实践中，为了在形式上符合该硬性规定，专利代理人对于背景技术的撰写，通常出现如下两极分化式的误区：如果发明人提供的技术交底书对于背景技术的说明简单、粗糙，专利代理人也往往只是针对技术交底书所给的文字材料作简单加工，而不会花精力去补充与本发明专利申请的技术方案相关的哪怕是现有技术的材料；如果发明人提供的技术交底书中没有给出关于背景技术的文字说明（仅仅以图代文，这在实用新型申请中较为多见），在这种情况下，专利代理人更是有了足够的自由发挥空间来完成背景技术的撰写，甚至不惜用洋洋洒洒的大篇幅文字充斥于说明书中，其实不着边际，让本领域技术人员、审查员看后仍然不知所云。上述误区的产生，其实质是为了单纯地做到符合《实施细则》第17条规定。这种撰写背景技术的方式是不足取的，其理由在于：

第一，《实施细则》第17条对于背景技术的撰写规定，强调的是背景技术应当是对发明或者实用新型的理解、检索、审查有用的背景技术。这说明背景技术首先必须是现有技术，并且该现有技术对本专利申请的技术方案的理解、检索、审查有用，至少必须有利于社会公众、审查员对于本发明或者实用新型的理解、审查。从这个角度看，背景技术绝非是不着边际的自由发挥，甚至是杜撰，更不应该寥寥数语、琢磨不定，导致理解偏差。否则，即使背景技术的撰写在形式上是符合《实施细则》第17条，而在实质上却是背离了《实施细则》第17条的立法初衷。

第二，从技术研发的实际过程看，任何技术上的进步都是为了解决某个特定的技术问题,这是技术研发的发明目的。以发明目的为导向,对于该特定的技术问题,现有技术显然是不能解决的。于是,为了解决该特定的技术问题,技术人员首先必须剖析现有技术的缺陷与不足,哪些需要改进,哪些需要革新,并有针对性地提出可行的技术方案,以此解决现有技术所不能解决的特定技术问题。发明的创新过程就是体现在"发现技术问题—提出可行技术方案—解决技术问题"这种良性循环活动过程中,在提出可行技术方案并能够解决掉现有技术不能解决的技术问题的过程中,专利就产生了。因此,对于任何专利申请,其提出的技术方案都不是无源之水、无本之木。即使是偶然发明,也是建立在必然的技术探索基础之上的,这符合辩证唯物主义认识论的客观规律。在这个意义上,也不难理解《实施细则》第17条对于背景技术的撰写规定。

第三,既然发明的创新过程是个"发现技术问题—提出可行技术方案—解决技术问题"的循环活动过程,专利代理人也不是发明人,不可能参与到实际的发明创新过程中,只能是通过发明人提交的技术交底书来再现发明的创新过程。既然是再现,受各种因素限制,特别是专业领域的不同,难免出现技术上的理解偏差,甚至是理解错误,这显然不利于专利代理人写出高质量的专利申请文件,最终损害申请人的利益。背景技术恰恰就是"发现技术问题"的指向灯,是再现发明的创新过程的第一步,专利代理人走不好这第一步,就不能正确领会发明人的发明目的,再现发明的创新过程就无异于痴人说梦,自然也就不能更加深层次地把握本专利申请所要解决的技术问题了,而连技术问题都把握不好,又如何谈得上深刻地理解解决技术问题的技术方案呢?缺乏对技术方案的深度理解,专利代理人又如何能够撰写出保护范围合适、保护力度强的权利要求书呢?最终结果只能是牺牲申请人的专利保护利益。

第四,如果背景技术不能反映发明人的发明目的,专利代理人自然很难理解发明人的技术方案究竟是干什么用的,究竟是要解决现有技术中存在什么样的技术问题,这难免导致专利申请文件在撰写上的无的放矢,使得本来含金量高的专利申请工作变成了单纯的、枯燥的仅是为了迎合专利法律法规的文字编撰工作,甚至是文字材料的"剪刀手"。这样的专利申请文件,不只是专利代理人本人,包括社会公众,都不能从阅读专利申请文件中体会到发明创造对现有技术作出的智慧贡献,也无法分享到技术创新带来的愉悦感。"准确理解发明,不仅是要理解技术方案本身,更深层次的应该是体会发明的创新过程,找出为实现发明目的对现有技术作出的智慧贡献。"[1] 专利代理人应该明白:自

---

[1] 准确理解立法宗旨,培育专利审查文化 [EB/OL]. [2012-07-11]. http://www.sipo.gov.cn/yw/2012/201207/t20120711_723196.html.

己所从事的工作，不应当满足于专利申请工作的按时完成，还应该从背景技术的撰写中体会发明的创新过程，在与发明人分享技术创新的同时，为发明人撰写出能够真正体现发明目的、保护范围清晰、保护力度合适的专利申请文件，使自己成为发明人或申请人的真正的价值创造者，而不只是发明人、申请人的雇用写手。

三、背景技术与技术问题的挖掘、提出

前面已经论述过，背景技术当然是属于现有技术范畴的，而现有技术又是当然不能解决本发明所要解决的技术问题的，这似乎表明背景技术的撰写好坏与本专利申请并没有直接的关联。再说，紧接着背景技术之后的、在说明书的发明内容或者实用新型内容部分，不是已经首先就用明示的文字指出了本发明所要解决的技术问题（发明目的）了吗？何苦还要费心思地撰写好背景技术这部分内容？

笔者认为，专利申请文件的这种架构并非单纯的格式上的刻意要求，更不是专利代理人的矫揉造作，而恰恰应当是由背景技术引导出的技术问题的自然延伸与突出强调，不仅逻辑严谨，而且在实质内容上保持一致性，是符合辩证唯物主义认识论规律的。在此意义上，上述问题的提出其实是个认识角度偏差，把现有技术与发明的技术方案置于完全对立位置，因而完全割裂了发明的创新过程在技术层面上的技术连贯性和传承性，是不符合辩证唯物主义认识论客观规律的。实际上，这就是一个问题的正反两个方面，背景技术诚然是属于现有技术，但该处的现有技术并不是笼统的、泛泛的现有技术，而是特指不能解决本发明所要解决的技术问题的现有技术，但又是与发明的技术方案具有某种技术传承性的、最接近的现有技术，从而在从反面说明发明所要解决的技术问题究竟是什么。正是因为现有技术中客观存在的缺陷与不足，才导致无法解决发明所要解决的技术问题，发明的技术方案能够克服现有技术的缺陷与不足，当然就是能够解决发明所要解决的技术问题的。将现有技术中客观存在的缺陷与不足进行反向加工，反话正说，不就是自然而然地挖掘、诱导出了发明所要解决的技术问题了吗？

在说明书的发明内容或者实用新型内容部分所明示指出的"本发明所要解决的技术问题（发明目的）"，其实就是从正面考察同样的问题："本发明所要解决的技术问题"！发明的技术方案可以解决"本发明所要解决的技术问题"，说明发明的技术方案已经克服了背景技术中的现有技术即使是最接近的现有技术的缺陷与不足，而现有技术的缺陷与不足，也就是本发明的技术方案

所要解决的技术问题。不难理解，利用背景技术来挖掘、引导出本发明所要解决的技术问题，既体现了发明创新过程的一脉相承性，又在逻辑上符合人类思维认识活动的客观规律，本质上是辩证唯物主义认识论的正确反映。如果缺乏背景技术逻辑上的铺垫，在发明或者实用新型内容部分直接提出本发明所要解决的技术问题，就难免因缺乏逻辑连贯性而倍显突兀感。

由背景技术的撰写挖掘、引导出发明所要解决的技术问题，这种思维逻辑上的合理性、必然性是与专利代理人再现发明创新的创造过程休戚相关的。无论社会公众还是审查员，通过在阅读专利申请文件过程中再现技术方案的来龙去脉，可以深度理解发明的技术方案，找出发明的"发明点"，从而有利于帮助审查员对发明或实用新型的整体理解、检索与审查。除此之外，这种再现发明创新的创造过程还有利于减轻或者消除社会公众尤其是本领域技术人员对于法律文件的枯燥感，提升阅读的审美愉悦感，增强了专利申请文件的美学价值。

四、背景技术与新颖性判断

《专利法》第22条第2款规定："新颖性，是指该发明或者实用新型不属于现有技术；也没有任何单位或者个人就同样的发明或者实用新型在申请日以前向国务院专利行政部门提出过申请，并记载在申请日以后公布的专利申请文件或者公告的专利文件中。"从该条文的文字表述来看，新颖性判断离不开现有技术。进一步而言，《专利审查指南2010》第二部分第三章第3.1节"审查原则"中指出："判断新颖性时，应当将发明或者实用新型专利申请的各项权利要求分别与每一项现有技术或申请在先公布或公告在后的发明或实用新型的相关技术内容单独地进行比较，不得将其与几项现有技术或者申请在先公布或公告在后的发明或者实用新型内容的组合、或者与一份对比文件中的多项技术方案的组合进行对比。即，判断发明或者实用新型专利申请的新颖性适用单独对比的原则。"根据该规定，新颖性的判断是将发明的技术内容与现有技术的相关技术内容进行单独对比，而技术内容又是依赖于技术特征的，因此新颖性的判断实际上是单独对比不同技术方案中的技术特征。

根据上述分析，从背景技术中可以挖掘、引导出发明所要解决的技术问题，自然很容易找到解决该技术问题的区别技术特征，这些区别技术特征就是发明或者实用新型的"发明点"。由于现有技术即使是最接近的现有技术，都是不能解决发明所要解决的技术问题的，当然就不存在发明的"发明点"，这说明发明的技术方案与现有技术相比，其中的区别点就在于"发明点"，有了这种区别"发明点"存在，发明的技术方案显然是不同于现有技术中的技术方案的。根据新颖性判断的"单独对比"原则，发明的技术方案当然符合《专利法》第22条第2款规定，因而是具备新颖性的。

所以，撰写好了背景技术，就很容易挖掘并圈定发明所要解决的技术问题，再由发明所要解决的技术问题出发，顺藤摸瓜，就容易找到解决技术问题的区别技术特征。有了区别技术特征，新颖性的判断就是水到渠成了。

五、背景技术与创造性判断

《专利审查指南2010》第二部分第四章第3节"发明创造性的审查"中指出："根据专利法第22条第3款的规定，审查发明是否具备创造性，应当审查发明是否具有突出的实质性特点，同时还应当审查发明是否具有显著的进步。"并且，"判断发明是否具有突出的实质性特点，就是要判断对本领域的技术人员来说，要求保护的发明相对于现有技术是否显而易见。"进一步而言，判断要求保护的发明相对于现有技术是否显而易见，通常按照"三步法"来具体问题具体分析：①确定最接近的现有技术；②确定发明的区别技术特征和发明实际解决的技术问题；③判断要求保护的发明对本领域的技术人员来说是否显而易见。

根据上述逻辑来考证背景技术的撰写。

首先，背景技术的撰写离不开现有技术。通常，专利代理人可以通过检索已有的专利文件来判断、确定最接近的现有技术，并把相关的现有技术资料写进背景技术中。这样，即使受到检索数据库的限制而不能检索到与审查员检索结果完全一致的对比文件，但至少可以帮助专利代理人充分理解发明的技术方案，有可能还反驳审查员检索的最接近的现有技术并不恰当，增加创造性答辩的论证说服力。因此，背景技术在客观上可以帮助专利代理人检索最接近的现有技术。

其次，从背景技术的撰写中可以挖掘、引导出发明所要解决的技术问题，进而从技术问题出发，找出发明的区别技术特征。这是因为，现有技术即使是最接近的现有技术，都是不能解决发明所要解决的技术问题的，而发明的技术方案能够解决该技术问题，说明在发明的技术方案中，必定存在可以解决该技术问题的区别技术特征，即发明或者实用新型的"发明点"。找到了区别技术特征，就能确定其所产生的好的技术效果，因为"好的技术效果"首当其冲就是克服了现有技术的缺陷与不足，这是在寻找区别技术特征过程中能够同步得到的。同时，在确定了区别技术特征之后，"然后根据该区别特征所能达到的技术效果确定发明实际解决的技术问题。从这个意义上说，发明实际解决的技术问题，是指为获得更好的技术效果而需对最接近的现有技术进行改进的技术任务。"至此，已经可以明确"三步法"中的前两步。

至于第三步，此时似乎还不能立即给出确定性的判断。但是，《专利审查指南2010》对此进一步指出："判断要求保护的发明对本领域的技术人员来说是否显而易见，要从最接近的现有技术和发明实际解决的技术问题出发，判断要求保护的发明对本领域的技术人员来说是否显而易见。在判断过程中，要确定的是现有技术整体上是否存在某种技术启示，即现有技术中是否给出将上述区别特征应用到该最接近的现有技术以解决其存在的技术问题（即发明实际解决的技术问题）的启示，这种启示会使本领域的技术人员在面对所述技术问题时，有动机改进该最接近的现有技术并获得要求保护的发明。如果现有技术存在这种技术启示，则发明是显而易见的，不具有突出的实质性特点。"由此可见，是否显而易见的判断还是立足于现有技术，取决于现有技术是否存在技术启示；而该技术启示的判断又依赖于区别技术特征，根据前面论述，区别技术特征是根据本发明所要解决的技术问题来确定的，本发明所要解决的技术问题又是背景技术中现有技术所无法解决的技术问题，这说明背景技术虽然不能一步到位地确定本发明是否具有突出的实质性特点。但是，通过背景技术的撰写所挖掘出的本发明所要解决的技术问题是可以毫无争议地确定"三步法"中的前两步，对第三步给出了判断、思考的正确方向。

因此，对于发明的创造性的判断，撰写好背景技术的内容同样是重要。而针对一件专利申请，如果具备了新颖性、创造性，就满足了专利授权的实质性条件，专利申请获得授权就是指日可待了。

六、背景技术撰写的可行性建议

专利代理人在撰写说明书的背景技术时，尽量详细地写明现有技术存在的缺陷与不足，并且，在个人技术认知能力范围内，即使认为是微不足道的现有技术、公知常识，也最好清楚地写进背景技术中。这不仅有利于深刻理解发明所要解决的技术问题，写出高质量保护范围的权利要求书，而且有利于今后的审查意见通知书的答辩。因为在针对审查意见通知书进行答辩时，尤其是公开不充分的审查意见的答辩，受《专利法》第33条的限制，这些现有技术、公知常识都是无法再补充进专利申请文件中的，而且，一般情况审查员也不会轻易接受答复审查意见过程中补充进去的或者自辩的现有技术、公知常识，除非发明人能够穷举式地给予证明，但这个证明难度是极大的。既然如此，未雨绸缪，在专利申请文件的准备过程中，将相关的现有技术、公知常识写进背景技术中，不失为可取之法，也许正是这不经意间写进去的、看似多余的现有技术、公知常识，就成为后来的答复审查意见时的有力武器，甚至是"神来之笔"，这自然是大大胜过穷举式的证明材料。

《专利审查指南2010》第二部分第二章对于背景技术的撰写就明确指出："在说明书背景技术部分中，还要客观地指出背景技术中存在的问题和缺点，但是，仅限于涉及由发明或者实用新型的技术方案所解决的问题和缺点。在可能的情况下，说明存在这种问题和缺点的原因以及解决这些问题时曾经遇到的困难。"这虽然是从立法层面上指明背景技术撰写的指导方向，但也从侧面印证了笔者上述的可行性建议。

七、结　论

相对于权利要求书，背景技术似乎不值得一提，但是，"浅处无妨有卧龙"，在背景技术中潜藏有发明所要解决的技术问题，这关乎专利申请能否获得最终授权。因此，专利代理人应该坚持从有利于挖掘、引导出发明所要解决的技术问题的视角来着意组织材料，避免不着边际的泛泛而谈或者语焉不详的寥寥数语，为专利申请获得实质性授权夯实基础。同时，专利代理人（包括社会公众）也能从专利申请文件中体会发明的创新过程，增加专利申请文件的美学感受。

从权利要求解释角度谈专利申请权利要求书、说明书及附图清楚性的审查

宋月箫* 庄 驰* 杨 杰* 向 洁*

【摘　要】
专利法对专利申请的权利要求书、说明书及附图的清楚性均提出了要求，本文从相关案例入手，并参考各国专利纠纷中权利要求解释的方法，提出适合上述三种文件清楚性审查的建议，希望以此能够提高专利申请文件的质量。

【关键词】
权利要求解释　权利要求书　说明书及附图　清楚

一、引　言

专利权利要求的解释是在专利纠纷中法院解读专利权利用语，确定其真实含义，界定专利权受保护范围的过程权利要求解释，其解释的对象是专利申请和审查过程中形成的几个专利申请的内部资料：专利权利要求书、专利说明书、附图以及专利审查中的陈述和有关材料，这些专利法律文件在解释专利权利要求时的作用是不同的——以专利权利要求书为准，专利说明书及附图等可以用于参考；而权利要求书、说明书以及说明书附图也是实用新型专利申请内部资料的核心文件，无论是对于公众理解申请中的技术方案，还是对于申请人清晰的表述其专利申请的保护范围都起着至关重要的作用。因此，有必要对此三种文件进行清楚性审查的探讨，并试图找寻适合于审查的清楚性判断方法，从而从专利审查这一阶段就对专利申请文件的清楚性进行严格把关，为后续流程如无效宣告、侵权诉讼打下一个良好的基础。

---

* 作者单位：国家知识产权局专利局专利审查协作北京中心。

《专利法》及《专利法实施细则》中对上述三种文件的清楚性的相关规定有：《专利法》第 26 条第 4 款规定，权利要求书应当以说明书为依据，清楚、简要地限定要求专利保护的范围。《专利法实施细则》第 17 条第 3 款规定，实用新型说明书应当用词规范、语句清楚。《专利法实施细则》第 121 条第 1 款规定，说明书附图线条应当清晰。《专利法实施细则》第 17 条第 5 款规定，说明书具体实施方式应当对照附图详细写明实用新型的优选方式。

《专利法》第 26 条第 4 款的后半句、《专利法实施细则》第 17 条第 3 款、《专利法实施细则》第 121 条第 1 款分别对权利要求书、说明书和说明书附图各自本身的清楚性进行了规定，而《专利法》第 26 条第 4 款的前半句、《专利法实施细则》第 17 条第 5 款则分别对权利要求书与说明书之间的关联、说明书与说明书附图之间的关联的清楚性进行了规定。

在实际工作中，权利要求书是确定专利保护范围的依据，是使所属领域的技术人员能够明确划分所保护的范围与不保护的范围之间界限的依据。此法条旨在有效保护申请人的利益，同时使不同的人对于权利要求的保护范围有相同的判断，即给专利权划定一个明确的界限，其前提是权利要求书是清楚的，这点已经得到公认。但是，对于说明书及附图的清楚性问题却存在争议。有观点认为，说明书个别用语不清楚、说明书附图中个别部件不清楚，只要不涉及该申请的发明点，可以存在于申请文件中，即对说明书及说明书附图中虽记载但未要求保护的技术特征甚至技术方案的清楚性标准时可以放宽。由于对于诸如上述观点的存在，审查实践中对相同的情况存在完全相反做法，即有的审查员认为不存在清楚性的问题，而有的审查员则指出了清楚性的问题，从而影响了专利法的严肃性和权威性。

笔者结合自己的审查实践，参考美国、德国以及欧洲专利局的类似规定，并通过几个案例来谈谈自己对此问题的认识。

二、案例介绍与分析

以下列举三类在实际审查中经常遇到的涉及权利要求书、说明书及附图清楚性的问题，并分别以案例进行说明。

1. 权利要求中的括号

【案例 1】

专利复审委员会第 40802 号决定（2012 年 11 月 29 日作出）涉及的案例中，国家知识产权局原审查部门于 2011 年 8 月 25 日作出驳回决定，其中驳回理由中包括权利要求 1、3 中出现括号，如"压制成型的 R－Fe－B（R 至少为稀土元素的一种)"、"所述光波为电能通过光波发射器（卤素管）而产生的远红外线电磁波"，导致权利要求 1、3 保护范围不清楚，不符合《专利法》第 26 条第 4 款。复审请求人于 2011 年 11 月 21 日向专利复审委员会提出复审请求，同时提交了权利要求书的全文替换页，删除了权利要求 1、3 中的括号并调整语句以克服不清楚的缺陷。

权利要求中包括的括号，常常会导致出现上下位概念或者并列选择的情况，从而导致权利要求限定出了两个不同的保护范围，造成权利要求不清楚。

2. 权利要求中存在不清楚用语、物理量缺少单位

【案例 2】

专利复审委员会第 42964 号决定（2012 年 6 月 5 日作出）涉及的案例中，国家知识产权局原审查部门于 2010 年 1 月 29 日发出驳回决定，其理由之一为：权利要求 11 和 89 不符合原《专利法实施细则》第 20 条第 1 款的规定，并在"其他问题"中指出权利要求 90 不符合原《专利法实施细则》第 20 条第 1 款的规定，驳回决定所针对的权利要求 11 和 89 如下："11. 如权利要求 1 所述的方法，其中所述的第二前体气体包括能提供明显环张力的稠环类物质，其中所述稠环包括 4 个、5 个、7 个或更多原子的环。89. 一种含有 Si、C、O 和 H 原子的多相超低介电常数介电膜，其有 2.4 或以下的介电常数，纳米级的小孔或空穴，5 或更大的弹性模量，和 0.7 或更大的硬度。"驳回决定认为：（1）权利要求 11 中的"明显环张力"，概念不清楚；（2）权利要求 89 中的弹性模量、硬度没有单位，导致其保护范围不清楚。因此权利要求 11 和 89 不符合原《专利法实施细则》第 20 条第 1 款的规定。复审请求人对上述驳回决定不服，于 2010 年 5 月 13 日向专利复审委员会提出复审请求，同时修改了权利要求书。复审请求人认为：修改后权利要求书克服了驳回指出的缺陷。复审请求时新修改的权利要求 11、89 和 90 如下："11. 如权利要求 1 所述的方法，其中所述的第二前体气体包括氧杂双环。89. 一种含有 Si、C、O 和 H 原子的多相超低介电常数介电膜，其有 2.4 或以下的介电常数，纳米级的小孔或空穴，5 或更大的弹性模量，和 0.7 或更大的硬度。90. 一种多相超低介电常数薄膜，其有 2.2 或以下的介电常数，纳米级的小孔或空穴，3 或更大的弹性模量，和 0.3 或更大的硬度，所述弹性模量和硬度通过纳米压痕法测量，和所述薄膜包括 0.1%～10% 的四面体 Si—O 键。"经形式审查合格，专利复审委员会依法受理了该复审请求，于 2010 年 6 月 2 日发出复审请求受理通知书，并将案卷转送至原审查部门进行前置审查。原审查部门在前置审查意见书认为权利要求 89 和 90 中弹性模量和硬度没有单位仍然不清楚，坚持驳回决定。随后，专利复审委员会成立合议组对本案进行审理。合议组于 2011 年 2 月 28 日向复审请求人发出复审通知书,权利要求 89、90 中的弹性模量和硬度均无量纲导致这两个权利要求保护范围不清楚,不符合《专利法》第 26 条第 4 款的规定;复审请求人的主张不能成立。之后,复审请求人于 2011 年 6 月 15 日提交的权利要求书中删除了权利要求 89、90,并使得权利要求 11 中不存在"明显环张力",从而克服了驳回决定和复审通知书中所指出的相关缺陷。

在专利案件审查中,申请人往往根据一些实际工作中的约定俗成想当然地省略物理量纲,这就会导致权利要求中对物理量的描述不清,从而造成权利要求的不清楚。对于上述案例中出现的"明显环张力"不清楚的问题,主要涉及权利要求中用语不清楚,实际也涉及申请人在撰写说明书时的缺陷,根据"专利权人是自己字典的撰写者"的原则出发,申请人在撰写申请文件时,可以将"明显环张力"在说明书中定义,从而使得说明书发挥其对权利要求解释的作用。

3. 说明书具体实施方式部分没有对照附图进行说明

【案例 3】

专利复审委员会第 19981 号决定(2009 年 10 月 2 日作出)涉及的案例中,国家知识产权局原审查部门于 2010 年 1 月 29 日发出驳回决定,其理由之一为:该申请说明书中"具体实施方式"部分没有给出实现该实用新型的至少一种优选方式,也没有对照附图进行说明,说明书不符合原《专利法实施细则》第 18 条第 1 款的规定。申请人不服上述驳回决定,向专利复审委员会提出复审请求,并先后两次提交了修改文件,但并未克服此项缺陷,最终导致复审委维持驳回决定。

从上述三个复审案例中,我们不难看出,申请文件清楚性问题的问题是比较复杂的,它不仅包括申请文件词汇本身甚至标点符号的清楚性,同时还涉及专利申请内部文件之间关联的清楚性。这就要求我们对权利要求书、说明书及附图的清楚性审查有一致的判断标准。在国内外的侵权诉讼关于权利要求的解释均涉及上述三类文件的清楚性判断方法,这对审查工作有一定的借鉴作用。

三、侵权诉讼中的权利要求解释和权利要求书、说明书及附图清楚性审查的关系

专利权利要求是专利申请人运用文字将专利技术方案中其创新的技术特征表述出来,把客观存在的技术创新经过主观的理解用文字描写出来,现有词语可能无法表达某些新的技术手段,从技术构思或机器到文字的转化常会留下空隙,因此就有必要对权利要求进行解释以还原真实;而且用来描述权利要求的

文字具有多义性和不确定性，使得人们各自对权利要求的理解结果可能是不一致的；再者专利权利要求中记载的技术特征是前所未有的，也让人们理解更为困难。因此就需要解释专利权利要求，澄清其含混不清之处，合理确定专利的保护范围。

在现代专利制度中，专利权利要求的具体载体是专利权利要求书、专利说明书、附图等专利法律文件。使用专利权利要求界定发明和确定保护范围已经成为现代专利法的特点，也是现在各国专利法通行的做法。

各国法院解释专利权利时都是以申请文件中的权利要求书为中心，但是具体的做法各不相同，其中以美国、德国（1976年前）和欧洲具有代表性。美国法院在解释权利要求时忠实于权利要求，确定专利权利保护范围的依据是专利权利要求书，而说明书仅仅是帮助理解专利技术的辅助性文献。法院更加倾向于公众，强调权利要求中语言措辞的重要性，权利要求的文字一旦经专利局审查确定，其保护范围也就固定下来，法院在解释保护范围时必须严格遵循授权的权利要求书的内容。美国专利权利要求解释的对象限定于专利权利要求书，这样有利于确保专利权保护范围的法律确定性，但却不利于给专利权人提供灵活而有效的专利保护。美国在专利保护中将更多的关注点放在公众利益上，对专利人的利益保护不够充分，但一直在衡平原则的指引下不断修订其所采用的方法，以期维护公众的利益同时，又能更好的保护权利人的利益。在德国，1976年前权利要求书的作用主要体现在定义发明人在现有技术的基础上作出了何种贡献，只须确保权利要求的内容能够反映发明的实质点。在授予专利权后，法院在判断侵权时可以通过专利说明书和附图的内容来理解发明的构思，较为自由地对权利要求的范围作出扩大解释，使之包括从文字上看不同于权利要求内容的实施行为。德国1976年前专利权利要求解释的对象有专利权利要求书、说明书和附图，并且专利权利要求书只是确定发明的实质点，说明书和附图在解释专利权利要求时有确定发明构思的作用，这种做法专注于权利人利益的保护，能够给专利权人提供充分的保护，但是却不利于公众确切的预知专利权的保护范围，会觉得专利权的保护范围不确定，无所适从，不利于经济秩序的稳定。为了平衡好专利权人和社会公众的利益，《欧洲专利公约》吸取了各国的优点，制定出了较为合理的规定。该公约第69条规定：一份欧洲专利或者欧洲专利申请的保护范围由权利要求书的内容来确定，说明书和附图可以用于解释权利要求。这是一个高度概括的原则，欧洲各国在实际执行的过程中还有对该条款作出不同解释的余地。为了避免这一点，《欧洲专利公约》专门附加了一个对第69条的议定书，其内容如下：第69条不应当被理解为一份欧洲专利所提供的保护由权利要求的措辞的严格字面含义来确定，而说明书和附图仅仅用于解释权利要求中的含混不清之处；也不应当被理解为权利要求仅仅起到一种指导作用，而提供的实际保护可以从所属技术领域的普通技术人员对说明书和附图的理解出发，扩展到专利权人所期望达到的范围。这一条款应当被理解为定义了上述两种极端之间的一种中间立场，从这一立场出发，既能够为专利权人提供良好的保护，同时对他人来说又具有合理的确定性。

《欧洲专利公约》的这种做法较之前两种解释权利要求的方法来说，既使专利权的范围较为稳定，同时也追求给专利权人合理的保护，因此得到了更为广泛的接受。目前世界上绝大多数国家都是采用这种解释权利要求的方法，这些国家在制定自己国家的专利法时都将这一精神贯彻其中。

从世界各国专利权利要求解释的标准不难看出，专利权利要求解释所针对的对象是权利要求的范围，其无一例外的均涉及权利要求书、说明书以及说明书附图，可见这三类文件对于专利权利要求的解释起着显著的作用，所以其三者清楚性问题就显得尤为重要，而其判断标准可以借鉴到申请文件的审查当中，它不仅仅关注文件自身的表述，同时还关注文件之间的关联。

四、建议和意见

在专利申请的审查过程中，参考复审建议以及《欧洲专利公约》中的权利要求解释的做法，笔者建议对权利要求书、说明书、说明书附图清楚性的判断方法应当包括两方面的内容：第一，权利要求书、说明书、说明书附图各自应当保持清楚；第二，权利要求书与说明书、说明书与说明书附图之间的关系应当保持清楚。具体审查时的相对应的流程为：

（1）权利要求书与说明书及附图各自的清楚性：每项权利要求本身应当是清楚的，涉及标点、专业术语、指代等，且由各项权利要求构成的权利要求整体应当是清楚的，涉及权利要求的引用关系、主题以及内容的连贯等；说明书中用词规范、语句通顺等；说明书附图是否符合线条、附图标记清晰等。

（2）审查内部文件之间关系的清楚性：权利要求中的非公知术语是否在说明书中定义，权利要求的概括性方案是否在说明书中有具体实施例支撑；说明书中具体例中描述是否与所对应附图一致。

采用上述方法进行审查后，授权后的专利其清楚性就更有保障，对申请人来讲其专利权更加稳定，对于公众来讲其界限更加清楚。为后续的无效、侵权诉讼等流程奠定一个良好的基础。总的来说，在对专利申请权利要求书、说明书及附图进行清楚性问题审查时，不应当只从文字表面考虑，只把三种文件孤立地看待，还应综合考虑三者的内在联系，以确定技术方案是否符合《专利法》《专利法实施细则》及《专利审查指南2010》关于清楚性问题的立法精神。由于笔者审查经验的有限、清楚性问题形式多样，可能所述的判断方法还不能处理所有案例中的相关问题，希望在今后的工作实践中可以逐步完善。

参考文献

[1] 中华人民共和国国家知识产权局. 专利审查指南2010 [M]. 北京：知识产权出版社，2010.

[2] 国家知识产权局条法司. 新专利法详解 [M]. 北京：知识产权出版社，2009.

[3] 尹新天. 中国专利法详解 [M]. 北京：知识产权出版社，2011.

[4] 杜衡，李林霞. 上、下位概念并列导致权利要求不清楚的法理分析 [J]. 中国发明与专利，2012（5）：94-97.

[5] 杜鹃. 含义模糊用语对专利权利要求清楚性的判别 [J]. 审查业务通讯，2008（2）：33-35.

[6] 易吉. 专利权利要求的解释 [D]. 湘潭：湘潭大学法学院，2008.

深度挖掘现有技术，构建完美保护范围
——从检索的视角来看专利申请文件的质量提升

马　圆*

【摘　要】

在我国的专利申请量屡创新高的大背景之下，全面切实地提高专利申请文件的质量势在必行。检索在申请文件的整个撰写过程中都能发挥重要的作用，当前国内的专利代理界对该点重视不足。笔者基于多年的审查工作和专利分析工作的经验，结合实践经验和理论研究谈几点相关的体会和看法。

【关键词】

专利申请　撰写　质量　专利检索　专利挖掘

一、前　言

当前，我国的专利申请量屡创新高，已经成功地跻身世界领先行列。❶ 在专利申请数量急剧扩张的同时，国内研发单位的专利申请质量特别是撰写质量，却原地踏步甚至有所倒退，非正常专利申请和恶意专利申请有所抬头，这些都极大地损害了"中国专利"这一品牌的世界形象。因此，全面切实地提高专利申请文件的质量势在必行。当前国内的专利代理界，注重对翻译质量的控制，看重和客户或发明人进行清楚的技术内容沟通，却往往忽视了对专利文献的检索工作，认为检索在申请文件的整个撰写过程中是可有可无的摆设，或者认为其属于锦上添花的点缀，往往基于成本控制的考量而将其忽略，这些都是短视的做法，是不可取的。

---

* 作者单位：国家知识产权局专利局专利审查协作北京中心。

❶ 戈清平. 我国专利申请量全球第四 IT 企业专利最多 [N]. 中国高新技术产业导报，2013 - 04 - 22.

笔者从事了多年的审查工作和专利分析工作，在这其中接触到了大量高质量的专利申请文件，熟悉跨国大公司的专利挖掘和撰写技巧。多年的专利工作经验，笔者得出一个道理，专利文献的检索应当贯穿专利申请文件的整个撰写过程。下面，结合实践经验和理论研究谈几点体会和看法。

二、检索在申请文件撰写中的重要作用

专利申请文件中包含了丰富的技术信息，而技术类的文献，在启动撰写之前应当进行充分的查新工作，合理地借鉴前人的智慧，避免重复劳动，提出自己独到的见解。研究资料表明，在信息爆炸的当代社会，科研中的大量时间和资源都花费在文献检索之上❶。任何一位研究者，在进入大学跨入其研究生涯时，所接受到的第一项专业训练就是文献查新，导师会告知其在启动科研项目前要进行大量文献的查阅。由此可见在技术工作中检索必不可少。

在专利领域，检索一词称得上是一个老生常谈的"惯用技术手段"。检索是审查一项发明专利申请或者评价一项实用新型专利时必不可少的工作，在无效宣告等法律程序中也经常出现。现实中的检索经常发生在申请文件已经形成以后，而在撰写申请文件之前或者撰写过程之中，往往缺乏充分的检索。

在具有技术类文献特点的专利申请文件的撰写过程中，应当充分地利用检索手段。而全面系统深入的检索工作，能够有效地提升申请文件的质量，在如下诸多方面发挥重要的作用。

（一）辅助专利技术的前期研发

在专利技术的研发全过程之中，情报检索特别是专利情报的检索，发挥着至关重要的作用。任何发明创造，都是在前人已有创新成果的基础上进行的，"太阳底下没有新鲜事"指的就是这层意思。通过检索得来的信息，能够充分地避免研发走弯路，节约研发的成本，加速创新的过程，从而赢得市场先机。在现有的科技知识中，专利信息占据了绝大部分的比例，据WIPO的统计，世界上90%以上的技术信息，都能通过专利信息得到。而且与科技期刊上的学术论文相比，专利文献具备实用性强，便于产业化推广，加工深度强，便于检索等诸多的优点。

另外，专利文献的撰写，往往遵循着发现问题、提出对应解决方案和描述相应技术效果的模式来进行撰写。这种写法实际上源自发明者的创造性思维，

---

❶ 隆新文，朱晓慧. 科技查新在科研工作中的作用及思考［J］. 现代情报，2006（3）.

忠实地反映了发明者在解决技术难题时的心路历程。因此，从专利文献中能够发现创新的模式，从而启发现有的技术创新。在这方面，前苏联发明家阿利赫舒列尔（G. S. Altshuller）在1946年创立的TRIZ理论是该方面的集大成者。该理论从对专利文献的研究出发，提出了系统的发明问题的解决理论。❶

综上，无论是从具体的技术方案借鉴，还是从研发思路的启迪来看，专利文献对企业的技术研发而言都至关重要，相关的检索环节必不可少。如果一个技术方案巧妙地解决了技术难题，这就为一份高质量的专利文献的形成开了一个好头。如果将一份专利申请比作一个武林高手，那么其实质的技术方案就是内功，而随后的撰写方式和技巧就是外功，内功是基础，有了好的内功才能纵横四海，才能为随后的外功提供基础，否则光是花架子形不成战斗力。同样，技术方案的真实技术含量，从根本上决定了一份专利申请文件的质量高低。因此，必须踏踏实实地遵循研发的客观规律，做好专利的检索工作，充分挖掘出有用信息，从源头上为专利申请打下良好的基础。

（二）进行明显新颖性的尽职调查

在接到技术人员的技术交底书，开始启动专利申请的撰写时，就需要考虑一个问题：这项技术在本领域是否有人已经做出来过？这就是关于明显新颖性的检索。不管是企业内部专利部门进行的申请评审，还是专利代理机构为客户进行的尽职调查，都应当充分地考虑申请是否具有明显的新颖性，否则就会浪费企业的资源，或者给客户带来不必要的损失。目前，我国的企业纷纷开始了国外专利的申请，特别是欧美的专利申请，这些国外的申请往往费用高周期长，如果贸然地进行低水平的申请，会很快地被外国审查机构驳回，从而直接浪费掉大量的资源。

在笔者多年的审查经验中，总会发现一些案子，通过简单关键词的检索，就能得出大量影响其新颖性的文献。除了一些发明者提交的申请，这些案子中不乏一些大的央企或者大的专利代理机构的案子，这充分佐证了相关方在明显新颖性检索方面的缺失。

另外，一些公司由于某一技术领域的相关申请多，不同申请之间的技术内容重复程度高，如果不进行充分的检索，往往会出现自己的申请相互打架的现象。上述现象在申请分案较多的大公司中比较常见，对于一些专注于某一较小领域持续研发的中小公司，也时有出现。可见，不论公司规模的大小，研发领

---

❶黄庆，周贤永，杨智懿. TRIZ技术进化理论及其应用研究述评与展望［J］. 科学学与科学技术管理，2009（4）.

域的宽窄，都应充分地重视检索工作。

当前，随着我国专利水平的逐渐提高，审查机构检索水平的不断提升。企业专利部门或专利代理机构，必须在专利申请的撰写过程中引入系统的检索程序，从程序上保证一份申请在实质技术内容方面的高质量。

（三）合理地相对于现有技术划界

从《专利审查指南2010》推荐的撰写方式来看，权利要求的前序部分往往涉及现有技术部分，而特征部分才是一项发明的关键，或者说是体现发明点的核心内容。如何科学地把握前序和特征之间的界限，准确地界定申请相对于现有技术的改进，检索必不可少。通过充分的检索，将基本的现有技术特征放在前序部分，反映出现有技术的发展现状，将发明者自己的独到之处放在特征部分，反映申请对现有技术的改进之处。

在笔者的审查实践中，经常发现一些专利申请毫无分别地堆砌大量的技术特征，通俗地讲就是眉毛胡子一把抓。这样的撰写方式给人的第一感觉就是层次感差，不能体现发明的改进性，给申请的评价者带来其只是简单罗列技术特征的不良印象。另外，这样撰写的申请中，往往包含了大量的不必要的技术特征，即所谓的"多余指定"。由于现在法院系统在采用多余指定方面越来越慎重，因此这些不必要的技术特征显然影响了权利要求保护范围的大小。究其根本，上述申请往往来自于技术人员提交的交底书的直接拷贝，是检索这一技术环节缺失的直接后果。

（四）通过检索学习权利要求的"法言法语"

在整个申请文件的撰写过程之中，权利要求部分的难度最高，直接反映了专利代理人水平的高低。权利要求书除了以高度凝练的语言概括了发明的技术内容，还直接地限定了该申请在后续的法律环节中圈定的保护范围的大小。因此，权利要求书除了是技术行话，还是法言法语。

权利要求的撰写方式，从早期的简单技术交底，到现在发展得花样百出，这是全世界专利代理人共同努力的结果。一种好的撰写方式，往往能够很快地在业界流传，并为司法过程所确定，成为某一方面撰写的范本。例如，对软件领域而言，除了描述采用软件来解决实际技术问题的方法类型权利要求，还会对应地撰写这些解决步骤对应的功能模块，从而为软件方面的申请提供方法权利要求和产品权利要求这两种不同类型的保护。又例如，对于化学领域，由于化合物的用途至关重要，因此往往撰写一些用途限定的权利要求，来最大限度地保护某种化合物的用途。

一份高质量的专利申请，往往具有多种不同类型主题的权利要求，形成多层次、多类型的权利要求，从而最大限度地为将来的维权提供保证。在专利情报界，存在一个评价标准，认为一项专利申请，如果包含的分类信息越丰富，表明该申请的技术内容丰满、质量高。因此，权利要求的类型多是高质量的直接体现。

上面关于权利要求撰写的诸多方面，从哪里获取？显然，简单地通过老专利代理人的口口相传或者是阅读某本实务大全，是不够的，因为形势是在不断变换的，撰写方式需要与时俱进。因此，最丰富的权利要求样板库需要通过检索得到。这就需要专利代理人在平时的具体案件代理中，或者专项的调研中，通过检索技术掌握大量的权利要求撰写技巧，吸收其中的精华来提升自身的撰写技巧，从而更好地为客户服务。

（五）通过检索丰富申请文件的信息含量

一份专利申请通常包括权利要求书、说明书及其附图和摘要及其附图。在这其中，说明书及其附图是整个申请文件的基础，其说明了该申请发明的背景，描述了技术思路产生的来龙去脉，为权利要求的概括提供充分的支持。一份信息含量丰富的说明书，能够提供诸多的好处。而信息含量的多少，除了来自技术交底书，更多的是需要从检索中得来的。

首先，通过检索得来的对现有技术的充分了解，反映在说明书的"背景技术"部分，能够帮助审查员很快地了解现有技术的发展状况，摸清申请的贡献之处，从而更加客观地评价申请的质量。实践表明，一份清楚地描述了背景技术的申请，能够使审查员和申请人的争论焦点集中在发明点上，这对缩短整个审查程序是大有好处的。

其次，信息含量的丰富程度是申请质量高低的直接指标。在一些国内的申请中，"背景技术"部分充满了空洞的技术效果的描述，甚至是广告的语言，通篇没有一份引用的文献。殊不知，一份申请引用文献的多少，也是评价其水平高低的指标。这样的专利申请，会给人格调不高的第一印象。即使侥幸通过了审查得以授权，在后续的专利交易环节，也会因为撰写质量的不高而大打折扣，卖不上好价钱。

最后，如果说明书包含的信息丰富，还会为后续的修改提供很大的余地。我国《专利法》严格限制权利要求的修改不得超范围，任何修改必须有据可循。因此，通过检索在说明书中储备大量的现有技术信息，能够为后续的修改提供证据，避免被审查员因为超范围而驳回。在审查实际中，内容简短、三言两语的说明书，修改时往往困难重重。不修改太简单，修改则没有依据。

另外，通过检索可以规范技术术语的使用，做到内行人说内行话。还可以借鉴某一领域的附图画法。以笔者的审查经验来举例。目前，国内的企业和个人申请了大量的 LED 的申请，但是其附图往往直接采用了照片或者设计图，这些图不直观，无助于对技术方案的理解，甚至造成混乱和误解。殊不知已有的申请中有大量的好图，申请人完全可以合理地借鉴。又例如，学校的申请往往直接地画上电镜图片或者能谱图，这样的做法也非常的不直观。在笔者的一次审查过程中，一个源于国内一流院校的 OLED 厂商，没有采用通常的剖面图，而是采用了平面图，最终造成了技术方案的描述不清楚，影响了其审查。后来申请人提交了剖面图，并附以详细的解释，才勉强解决了这一问题。

三、如何进行高效的检索

对于提高一份专利申请的质量而言，检索这一环节至关重要。那么如何提高检索的质量和效率呢？笔者结合自己多年的审查中的检索经验和从事大型专利分析项目中的经验，谈几点体会。

（一）精心挑选合适的数据库

工欲善其事必先利其器，选好一个数据库对于检索而言至关重要，一个优秀的数据库能够让检索工作事半功倍。在专利情报检索方面，德温特数据库是不二之选。德温特数据库是全球最权威的专利情报文摘数据库，1948 年由化学家 Monty Hyams 在英国创建，目前全球的科研人员以及世界各国几乎所有主要的专利机构（知识产权局）都在使用德温特所提供的情报资源。该数据库收录来自世界 40 多个专利机构的专利文献，数据可回溯至 1963 年，而且保持了每周更新的频率。❶

另外，各国的专利局都提供了丰富的检索系统。例如国家知识产权局就在其网站上提供了专门的检索系统。欧洲专利局提供的公共免费检索系统包含了丰富的同族信息，还能将英语外的申请文件自动翻译为英文。日本专利局利用机器翻译积累了丰富的语料库，能够将检索结果准确地由日语翻译为英语。

另外，大的搜索公司也提供了相应的免费检索工具。例如国内的百度专利，提供了对中国专利和专利申请的检索系统。谷歌专利以及谷歌学术也都能提供很好的检索资源。

---

❶仇玉芹. 利用德温特创新索引数据库分析研究行业专利［J］. 情报杂志, 2009（S1）.

（二）建立独具特色的专题数据库

由于通用的专利数据库收录数据非常庞大，如果直接拿来使用存在效率不高、针对性不强等诸多问题，因此数据库的使用者可以根据自己研发的具体技术领域，从通用数据库中筛选相应技术领域的专利文献，形成自身独具特色的专题数据库。

专利专题数据库是针对特定技术领域专业特点和用户的个性需求，从海量的初级专利信息数据中筛选所形成的数据库。❶ 专题数据库具有专业领域专利信息集中全面、信息挖掘程度高、检索方便等优点。专利专题数据库一般由专利专题信息数据和数据库支撑软件组成。市面上成熟的商业数据库，例如德温特数据库，具有丰富的专利原始数据，而且还提供了高级的检索语言，使用者经过简单的培训就可以利用其形成自己特色的专题数据库。

目前，在世界500强的企业中其专利部门已经广泛地采用了专题数据库技术，并将其应用到市场调查、产品分析、竞争对手跟踪等诸多方面，专题数据库已成为越来越重要的战略性情报资源。

（三）充分利用数据库的深度加工信息

专业的专利数据库，例如德温特数据库，包含了丰富的加工信息。例如其分类号字段，包含了 IPC 分类号，还包括了各国专利局为自己的专利文献开发的特色分类体系。欧洲专利局的 EC 分类体系对 IPC 进行了深入的细分而且保持了很高的更新频率，而且相关的回溯分类已在进行中。日本 F-term 提供了独具特色的表格样式的分类方法，使用起来一目了然，高效又方便。德温特数据库还包括关键词的列表，关于材料和冶金结构的特色概括，关于技术手段和效果的概括等丰富的加工信息，善用这些信息能够极大地提高检索效率。

信息检索的基础理论告诉我们，在检索过程中查全率和查准率存在天然的互逆关系❷，准确率提高了往往会遗漏文献，而尽可能全面地涵盖文献往往会带来过多的噪音。为了破解这对矛盾，需要对被检索对象进行充分的加工。德温特数据库已经对初级的专利文献进行了深加工，如果我们能够合理地利用这些加工信息，那么我们的检索工作就能做到又快又好。

---

❶ 韩晓林，韩蓓. 行业专利专题数据库给企业创新发展带来新思路［J］. 科技信息，2011（28）.
❷ 邓汉成，王敏芳，王瑛. 查全率与查准率之间关系的理论研究［J］. 情报学报，2000（4）.

(四)熟悉检索语法和检索终端

一个成熟的数据库,往往包含了复杂的检索语言和检索终端。熟练地使用这些检索语言和检索终端,能够事半功倍地完成工作。目前,国家知识产权局已经建成了适合我国检索方式与习惯的通用检索系统 S 系统,该系统可以与审查系统之间无缝连接,为专利审查业务提供了智能化的检索服务。这套系统提供了丰富的检索语法和便利的多功能检索终端。不论是复杂技术方案的检索,还是大型专利分析项目,凭借对 S 系统语法的精通和终端的熟练操作,都能做到迎刃而解。

发明专利申请文件的撰写

施晓雷[*]

【摘　要】

　　本文从一个对中国、欧洲、美国专利系统都有实践经验的专利代理人的视角，对发明专利申请文件的撰写作了一个总结，希望能给业界同仁一些借鉴。

【关键词】

　　发明　专利　申请文件　撰写

一、引　言

　　作为中国和欧洲的专利代理人，笔者在中国和欧洲都有较丰富的专利代理实践经验，其间也处理了不少美国的专利申请。在这一过程中，笔者曾看到很多在技术上很有创新的发明，由于其原始申请文件没有撰写好，或是根本没有考虑到其他国家的不同法律和实践，最后在审查、无效和诉讼中要么被彻底击垮要么失去了很多其本应有的价值。所以一份发明的原始申请文件的撰写是至关重要的，其直接关系到发明专利今后的命运。

二、发明专利申请文件的目标

　　要想做好一件事就需要了解这件事的目标。同样，要想撰写好一个发明专利的申请文件，首先必须了解专利申请文件的目标和用途。

　　发明专利是要保护一个技术发明，所以能够在逻辑上清晰严谨地阐明发明的基本概念及其相关的技术细节是一份申请文件的最基本的目标。但是，对这个目标的要求应该是大学生在撰写其论文或工程师在撰写其技术报告时应该已

---

[*] 作者单位：德国慕尼黑 Manitz, Finsterwald and Partner 知识产权律师事务所。

经可以把握的。而发明专利申请文件的撰写对专利代理人提出了更多更高的要求，其原因在于一份申请文件在后续法律程序上会经受各种各样的严格甚至苛刻的考验。所以，专利代理人在撰写申请文件时就必须尽量考虑到今后可能出现的各种问题，并在撰写时就尽力把可能的问题扼杀在摇篮里。

1. 申请文件需要经受的考验

一份发明专利的申请文件到底会经受哪些考验呢，笔者认为主要有以下几个方面。

（1）撰写过程

专利代理人撰写完申请文件的初稿后需要先给发明人审核。发明人一般只会从技术角度检查申请文件的准确性。然后，申请文件会交给企业的知识产权经理审核。这时，知识产权经理就会根据其专业知识，对申请文件从专利法的角度进行检查，提出修改意见和建议。一旦审核通过并将定稿文件递交到专利局，就无法再对申请文件作任何真正意义上的实质性改动。此申请文件就要开始经受后续包括审查、无效宣告以及诉讼等法律程序的严苛考验了。

（2）申请过程

在申请的审查过程中，审查员往往会扮演一个苛刻的挑剔者的角色，尽可能从技术和法律角度从申请文件中找出各种瑕疵。在技术上，审查员会引用多个现有技术来证明权利要求所定义的技术方案没有新颖性和创造性。在法律上，审查员会认为权利要求不清楚、不简要或没有得到说明书的支持；独立权利要求没有包含所有必要技术特征；或说明书公开不充分等。

针对审查员的意见，专利代理人需要逐一答辩或相应修改申请文件。而修改时又会受到很严格的限制，即不能超出原始申请公开的范围。

经过审查员和专利代理人的多次"交涉"，一份申请可能由于其发明本身在技术上的先天不足或由于申请文件撰写的致命缺陷而无法得到授权，也可能基于一个更优化的版本得到授权。

（3）无效宣告过程

一个授权的专利会触及第三方的利益。此时，第三方可能会对授权专利提起无效宣告程序。在无效宣告程序中，第三方往往会组成精于技术和法律的团队，对授权专利进行全方位的攻击。其猛烈程度远远高于审查员在审查过程中的挑剔。此时，专利代理人维护授权专利的武器反而越来越少，比如修改授权专利文件会受到比审查过程更多的限制和挑战。经过无效宣告过程，很多专利被彻底击垮，很多专利虽幸存下来但已经伤筋动骨。

（4）诉讼和侵权判定过程

一个专利在经受审查和无效程序的考验之后才能开始发挥其最核心的价值，

即诉讼和侵权判定，来保护申请人对发明的专属权不被竞争对手侵害。此时，如果发明权利要求的撰写不够完善，或在无效宣告过程中伤筋动骨，导致专利保护范围过窄，无法覆盖发明原本需要保护的并且应该能够获得保护的技术方案，申请人的应得利益将会被损害。其结果是竞争对手的产品没有落入保护范围从而可以继续生产，或竞争对手可以轻易找到替代方案绕过专利保护范围来避免侵权。

以上提到的各种严苛考验不仅来自中国国内，还可能来自世界各地。所以，专利代理人在撰写申请文件时不仅要考虑中国的法律和实践，还要考虑到主要的国外申请目的地的法律和实践，特别是欧洲和美国。

2. 申请文件的目标读者

任何文章的撰写都需要考虑到目标读者，专利申请文件也不例外。

虽然从原则上讲，专利申请文件的目标读者是所属技术领域普通技术人员，但是在实践中往往并非如此。比如以上提到的一份专利申请文件需经历的各种考验过程就涉及多个完全不同的读者。其中发明人的水平超出了所属技术领域普通技术人员。知识产权经理和专利代理人（包括申请撰写人，答复审查意见的代理人，参与无效诉讼的代理人，国外实审、无效及诉讼的代理人）是懂技术的法律工作者。但对于每个个案涉及的技术，可能有很多人无法达到所属技术领域普通技术人员。此外，参与国内外诉讼程序的律师和法官可能对所属技术领域的技术一无所知。

因此，专利代理人在撰写一个新申请时应该考虑一个低于所属技术领域普通技术人员水平的人在理解此发明所涉及的技术时会有什么困难和疑问，从而由浅入深地将发明的前因后果交代清楚。撰写时切忌因为自己对相关技术比较了解就省略了很多必要的铺垫和技术细节。

如果一个专利代理人对上述的各个方面知之甚少，那么他只能以一种"无知者无畏"的态度"放手"下笔，随心所欲，其后果可想而知。笔者已经见过很多技术上很有创新的发明，由于其在国内的优先权申请撰写得很随意，在中国、欧洲和美国的申请以及无效宣告、诉讼程序中遇到各种各样的问题，最后不是被驳回或宣告无效就是失去了其应有的价值。

所以，一份申请文件不仅需要满足中国《专利法》实践的要求，而且还要考虑到国外特别是欧美实践的要求，同时还能让各种类型的潜在读者都能理解。这就是发明专利申请文件撰写的目标。

三、撰写申请文件所需基础

上节提到的申请文件撰写的目标给专利代理人提出了非常高的要求，满足这些要求是须要以长期学习和大量工作积累作为基础的。所以，在培养一个专利代理人撰写新申请之前，必须先让这个专利代理人积累比较丰富的答复审查意见的经验。如果可能，还应让其参与无效宣告甚至诉讼的辅助工作，或至少应该让其参加一些无效宣告、诉讼的案例培训。只有这样，专利代理人在撰写一份申请文件时才可能考虑到上述提到的各个方面，从而以一种战战兢兢、如履薄冰的态度来认真对待撰写过程的每个细节。

可见，专利申请文件的撰写绝不是一个用于培养专利代理人的初级入门工作，而应该是一个具有较丰富经验的专利代理人的高级工作。

那么专利代理人在撰写前到底应该了解国内外专利法及其实践的哪些方面呢？笔者根据自己的经验列出了如下表格。表格中包括了中国、欧洲以及美国专利法实践中的一些要求。其中笔者在中国和欧洲都有比较丰富的实践经验，所以相关内容比较全面可信。对于美国的实践，笔者是根据自己处理过的一些美国审查意见和参加的一些培训总结的，不太全面，也不一定很准确，在此仅供参考。

程序	相关实践点	中国	欧洲	美国
实质审查	创造性：公知常识	常见、无须举证	常见、须举证	不常见、须举证
	权利要求以说明书为依据	严	不严	不严
	说明书公开充分	一般	一般	一般
	独立权利要求必要技术特征	一般	一般	一般
	修改超范	苛刻	非常严	不严
无效宣告	无效理由	多	少	（不清楚）
	无效中的修改限制	合并和删除	不超范围和不扩大范围	（不清楚）
诉讼和侵权判定	等同原则	有	有	有
	功能性限定	实施例及其等同	最宽解释	实施例及其等同
	禁止反悔原则	有	没有	有

上面表格中粗体的表示相关实践很严格。我们可以看出，其实中国的《专利法》实践在各个阶段对申请文件的要求都是最苛刻的。

（1）审查过程

首先，在申请审查过程中遇到最多的驳回条款是创造性。而在创造性争辩中最有争议的问题是对公知常识的举证问题。在美国的审查意见中几乎不会看到审查员在不举证的情况下认定公知常识。在欧洲的实践中，审查员经常会断言某些特征是公知常识，但是如果申请人要求审查员举证，审查员是有举证义务的。但是在中国，由于《专利审查指南2010》中的规定不明确，审查员往往不作任何举证，甚至都不作真正的充分说理。❶ 这样的实践给专利代理人和申请人带来了很大的困扰，有时不得不修改权利要求的范围，放弃一些申请人本该得到的利益。

其次，权利要求应以说明书为依据的驳回条款在欧洲和美国的审查过程中都很少出现，而在中国的审查意见中却非常常见。根据笔者的经验，只要权利要求中某个上位概念在说明书中只有一个实施例，中国的审查员就会认为此上位概念概括太宽，没有以说明书为依据。虽然在很多情况下专利代理人可以通过争辩说服审查员，但是仍然在相当比例的申请中专利代理人不得不将权利要求的范围缩小，从而丧失了其应得的利益。❷

在上述两点中都涉及权利要求的修改。但是，中国对修改超范的实践又是各国中最严的。

如果审查员引用的某个对比文件披露了发明的某个实施例，或者审查员认定某个上位概括没有以说明书为依据，专利代理人需要缩小权利要求的范围。此时，由于中国审查实践中几乎禁止了任何中间位概括的修改，而如果原始说明书在相关的上位概括和实施例之间没有给出任何中间位的概括，权利要求将不得不被限制到某个具体的实施例，造成保护范围过窄，损害了申请人本应得的利益。与之相反，美国在实践中对审查过程中的中间位概括把握得比较松，给专利代理人修改权利要求提供了很多选择，去保护申请人本应得的利益。在欧洲，审查员对中间位概括虽然也是相当敏感，但是根据笔者的经验，合理的中间位概括还是有可能被授权的。当然，到了无效宣告程序中，审查过程中引入的中间位概括是肯定会被无效请求人攻击的。对此，我们可以参考一下欧洲专利局案例法的相关章节（CaseLaw III-A, 2）。此章节中主要引用了7个欧洲专利局申诉委员会的判例，其中前6个都是认为审查过程中的中间位概括是修改超范的。但是在最后一个引用的判例（也是最近期的一个判例 T_461/05，2007年7月）中，申诉委员会支持了审查过程中的中间位概括。在这个判例中的判决理由中有如下表述：

——中位概括是对实施例的概括，其在此实施例和原上位概念的一个中间点上；

---

❶ 施晓雷. 中、欧专利之创造性理论和实践的比较研究 [M] //中华全国专利代理人协会.《专利法》第22条——创造性理论与实践——2011年专利审查与专利代理高端学术研讨会论文选编. 北京：知识产权出版社, 2011: 433-448.

❷ 施晓雷. 中欧专利理论和实践的比较研究之"权利要求书应当以说明书为依据"[M] //中华全国专利代理人协会.《专利法》第26条第4款理论与实践——2012年专利法审查与专利代理高端学术研讨会论文选编. 北京：知识产权出版社, 2012: 377-385.

——中位概括更倾向于是对原来上位概念的限制；

——不能凭空概括，一般是从原始特征组合中提取一部分，并证明被剔除的部分对于实施本发明不是必要的。

从上述案例法的引用和表述中，我们可以看到欧洲对中间位概括在总体上把握得还是比较严的，但是合理的概括在实质审查和无效宣告中还是有可能成功的。

此外，由于各个驳回条款是环环相扣的，所以如果各条分别掌握的很严，那么总体上的结果就更加严格了。

以上可以看出，中国实质审查的实践是在各方面最严的，也就对申请文件提出了最高的要求。

（2）无效宣告过程

首先，在欧洲权利要求是否清楚，独立权利要求是否包含所有必要技术特征根本不是无效理由。也就是说，无效请求人不能用这些相对形式上的理由攻击已授权的专利。但在中国的法律规定中，这两点是无效理由。也就是无效请求人拥有了更多、更有效的攻击手段。

其次，在欧洲无效宣告过程中，专利权利人对授权文件的修改是比较自由的。即在如下两条原则下可以随便修改：

——修改不得超出原始申请范围（Article 123（2）EPC）；

——修改不得扩大授权保护范围（Article 123（3）EPC）。

例如，如果上面提到的实质审查中的中间位概括在无效宣告过程中没有得到无效委员会的支持，权利人可以将其修改缩小到某个实施例。即使此实施例没有在授权权利要求中出现，这种修改也是被允许的，应为它没有扩大授权保护范围。

相反，中国的《专利审查指南2010》中明确规定无效宣告中的修改只能是合并或删除权利要求中的技术方案，也就是不能对权利要求作任何实质性的改动。笔者认为《专利审查指南2010》中的这个规定其实是有"违法"嫌疑的。中国《专利法》及《专利法实施细则》的相关规定其实是和欧洲相同的（见中国《专利法》第33条和《专利法实施细则》第68条）。也就是说，中国法律赋予了专利权利人比较宽松的修改授权专利的权利，但是《专利审查指南2010》作为一个行政规章却剥夺了法律赋予权利人的很大一部权利。

可以看出，在无效宣告过程中，中国实践一方面给予了无效权利人更多的进攻武器，而另一方面却剥夺了权利人很多应得的防御武器。这就对原始申请文件的撰写提出了更高的要求。

（3）诉讼和侵权判定

中国的诉讼程序学习的是美国的实践。最主要的两点是对功能性限定的解释和对禁止反悔原则的运用。

在欧洲，权利要求范围的解释主要依赖权利要求的语言，说明书对权利要求的解释影响有限。特别是对功能性限定的解释，欧洲主要国家都是倾向于按功能性限定定义的最宽范围解释的。说明书中到底有多少实施例，对权利要求的解释不会起到很大的影响。但是，中国和美国在司法解释中都明确规定功能性限定保护范围由说明书中的实施例及其等同来确定。这会大大缩小权利要求的保护范围。

另外，《欧洲专利公约》没有与禁止反悔原则相关的规定。在欧洲主要国家，比如德国和英国，禁止反悔原则也没有被明确提出。虽然在实践中申请人或权利人在递交任何意见时仍然需要很小心，因为要收回不合适的表述总可能会引起问题，但是总体来说，欧洲的实践没有禁止反悔原则。比如在德国，申请、无效宣告和诉讼都是分开的程序，每个程序在原则上是不会考虑其他程序中的任何表述的。在英国，无效宣告和诉讼一般不考虑申请过程的表述。但是由于在英国无效宣告和诉讼是在同一程序中进行，所以这两者之间的"反悔"是会产生问题的。

然而，中国在无效诉讼中采用了美国实践，即禁止反悔。虽然根据现在的实践，这个原则在中国的实践还没有实行得像美国那么严，但是仍然会对申请文件的撰写、审查意见的答复、无效和诉讼中的陈述产生很多限制。专利代理人在各个步骤中对每一句话的表述都要十分小心，以免今后无法反悔。具体到新申请的撰写，专利代理人要尽量避免使用非常确定性的表述和词汇，比如尽量使用"可以是"来代替"是"。

综上所述，欧洲在专利的审查过程中把握得相对比较严，但一旦授权，专利权相对不易被宣告无效，诉讼和专利侵权判定中权利人处于相对有利的地位；美国在专利审查过程中把握的比较松，但是到了诉讼和专利侵权判定时对权利人的权利进行了比较多的限制；而在中国，各个阶段都学习了欧美的最严厉的方面，从而对原始专利申请文件的撰写提出了最严苛的要求。对此，国家知识产权局是否应该考虑，在国家大力鼓励发明专利申请及其保护时，是否应该在各个程序中尽量赋予申请人和权利人更多合理的方便。

不管怎样，既然中国的实践如此，我们作为专利代理人就必须努力学习钻研，尽快掌握如何撰写一个能满足中国《专利法》实践要求的申请文件，同时还要考虑到国外特别是欧美的实践要求。

四、撰写步骤

笔者根据自己的经验,总结了撰写一个专利申请文件的具体步骤,要考虑的细节,以及申请文件的结构。

1. 了解发明

撰写一个专利申请文件,专利代理人首先要和发明人进行详细认真的讨论,以了解发明的背景技术、解决的问题,以及使用的技术手段。发明人提供的信息往往只是一个或几个具体实施例。所以专利代理人应该根据实施例和现有技术进行总结,概括出一个发明基本概念,并用尽量宽泛而又清楚准确的语言将此发明基本概念表述出来。此时,专利代理人需要回头再看发明人提供的实施例,看其是否能够支持这个上位的发明基本概念。如果感觉支持不够(这种感觉是需要在大量审查意见答复中积累起来的),就应该询问发明人是否还有其他实施例或根据专利代理人自己的技术知识和技能推理是否还有其他可能的实施例。如果无法找到更多的实施例去支持所总结的发明基本概念,说明这个概念可能概括的太宽了。这时就需要重新总结,再重新研究可能的实施例。如此反复,直到得到一个能够得到多个实施例支持的合理的上位发明基本概念。

2. 撰写权利要求书

(1) 独立权利要求 1

撰写独立权利要求 1 时需要将在所总结的发明基本概念下的完整技术方案用尽量简洁严谨的语言表述清楚。写完后,专利代理人需要逐句逐词地考虑,每个特征是否是实现发明基本概念的必要技术特征,尽量删除任何与发明基本概念没有直接关系的信息,以免引入不必要的限制。这种逐句逐词的排查往往需要反复进行多次才能得到一个即完整又简洁的权利要求 1。

当权利要求 1 完成后,整个专利申请的"总纲要"就确定了。之后的所有从属权利要求以及说明书都需要严格围绕"总纲要"来撰写,该写的必须写,不该写的一定不要提。如果在之后的撰写中发现"总纲要"有实质性的缺陷,那就必须全盘推翻之前所撰写的所有东西,重新确定"总纲要"。

(2) 撰写权利要求 1 的从属权利要求

从属权利要求的重要任务之一是用合理的中位概念把权利要求 1 中涉及的每一个宽泛的上位概念,特别是直接反应发明基本概念的上位概念,与具体的实施例联系起来。即尽可能地从一个或某几个具体实施例总结出一个中位概念。如果可能,尽量总结出多层次的中位概念。这样,在实质审查时遇到比较接近的现有技术或权利要求没有以说明书为依据的驳回条款时,可以把权利要求中相应的上位概念限制到某个合适的中位概念,从而将不得不把独立权利要求限制到具体实施例的可能性大大减小。上面提到要针对所有宽泛的概念寻找中位概括,但是权利要求的数目是有限的,往往只能容纳与直接反映发明基本概念的各个层次的中位概括。但是,那些不直接反映发明基本概念的中位概括也不能就此忘掉,而是要在之后将它们都写入说明书。这是因为,现有技术和权利要求以说明书为依据都不仅仅只针对直接反应发明基本概念的特征。另外,如果发明比较简单,无法总结出足够的中位概念用于从属权利要求,那么就可以考虑将最主要的具体实施例纳入从属权利要求。

在撰写从属权利要求时各个权利要求之间的从属关系是必须要考虑的,其在各国的规定也不一样。美国允许多项引用,但是权利要求数目按照把多项引用拆开后的项数计算。所以多项引用会产生高额的权利要求附加费。中国只允许单层次的多项引用,即不允许多项引多项。欧洲允许多项引多项。中国、欧洲在计算权利要求项数时都无需拆开多项引用。笔者认为,美国和中国的规定可以使权利要求之间的关系更加清楚,但是其缺点是很多本该有从属关系的权利要求不得不由于规定所限不能在权利要求书中体现出其从属关系。其后果是,在后续程序中如果需要将这样的权利要求合并,可能会产生修改超范围的问题,因为原文没有明确给出它们之间的从属关系。这样的情况笔者在中、欧、美的审查意见中都遇到过多次,有时并不容易答复。所以,笔者认为,在撰写最初申请文件的权利要求书时,应该使用欧洲的方式,即尽量把所有可能的从属关系都体现出来。当在中国和美国申请时,再把从属关系作相应的简化。虽然这样增加了一些工作量,但是给各国后续程序中的修改带来了实质性的便利。

所有从属权利要求初步撰写完后也需要逐句逐词地反复阅读排查,看各个权利要求的关系和顺序是否合理,用词是否一致、清楚简要,前后逻辑是否严谨等。

(3) 撰写其他类型的独立权利要求及其从属权利要求

专利代理人需要考虑是否需要对应于独立权利要求1的其他类型的独立权利要求。比如发明主要是一个方法发明,即权利要求1及其从属权利要求是方法权利要求。那么,如果可能,应该尽量撰写出相应的装置独立权利要求。

对于装置权利要求,中国的实践要求定义各个执行方法步骤的相应实体或虚拟模块。这种要求似乎已经不适合现代科技特别是计算机和集成电路技术的发展趋势。❶ 但是，专利代理人还必须遵循这个要求，在装置权利要求中假设一些虚拟模块。在欧洲，一个方法的装置权利要求可以使用纯功能性限定的方式来撰写，例如："某装置被设置用于执行权利要求 1~10 中任一项的方法步骤。"这种方式给予权利要求最宽的保护范围，并且一个装置权利要求可以覆盖所有方法权利要求，节省了权利要求项数。所以，笔者建议在撰写一个符合中国要求的装置权利要求后，应该再撰写一个符合欧洲要求的装置权利要求，以便在欧洲申请时使用。

另外，在中国实践中不被允许的一些权利要求主题在欧洲是允许的。比如计算机程序、程序存储介质，以及信号或数据结构在欧洲是允许的。所以专利代理人应该撰写相应的独立权利要求。欧洲计算机程序和介质的权利要求的具体撰写方式示例如下："11. 一计算机程序包括程序指令，当其在某硬件中执行时使此硬件执行权利要求 1~10 中任一项的方法步骤。"和"12. 一介质用于承载权利要求 11 的计算机程序。"此外，如果一个发明的发明点涉及对信号或数据结构的技术性修改，那么可以撰写一个定义信号或数据结构的独立权利要求。这种权利要求会对侵权判定带来很大的便利。只要能在信道或存储介质中抓取到信号或数据结构，就可以判定侵权。具体撰写方式可以参考欧洲申诉委员会的判例 T_0858/02，其决定支持信号结构的独立权利要求。据此，欧洲专利 EP1056267B1 于 2009 年 8 月被授权，其权利要求书只包括一个独立权利要求，以"一种结构性的消息"为主题。

对于上面提到的几种中国实践不允许的权利要求主题，即使由于权利要求项数的限制，这些权利要求最终不能被放入权利要求书中，这些权利要求也应该以权利要求语言的形式放入说明书的适当位置。这样，如果此申请进入欧洲，那么这些权利要求可以随时补入权利要求书中，不会有修改超范的风险。

此外，专利代理人还应了解美国是否也支持这些类型的权利要求以及如何撰写，并用权利要求的语言撰写出来放到说明书中。

当全套权利要求完成后，整个申请文件的"内容提要"也就完成了。说明书的撰写应该紧密围绕"内容提要"展开。

3. 撰写说明书

在撰写完权利要求书后，专利代理人才能开始撰写说明书。撰写说明书时要注意用词准确一致、逻辑严谨、内容详细、文字简洁，并尽量避免使用绝对

---

❶ 施晓雷. 中欧专利理论和实践的比较研究之"权利要求书应当以说明书为依据"[M]//中华全国专利代理人协会.《专利法》第 26 条第 4 款理论与实践——2012 年专利法审查与专利代理高端学术研讨会论文选编. 北京：知识产权出版社，2012：377-385.

性的词汇。

在开始撰写说明书前，专利代理人需要根据权利要求书这一"内容提要"确定附图、确定说明书的结构以及各个部分需要纳入的大致内容。

对于说明书的结构，中国《专利审查指南2010》明确规定说明书需要包括如下几部分：技术领域、背景技术、发明内容、附图标记和具体实施方式，每个部分都须以相应的标题开始。然而，欧洲对此没有任何明确规定。也就是说，虽然大部分欧洲代理人撰写的申请文件的框架是与上述的几个部分相一致的，但是在每个部分之前并不会有相应的明确的标题。笔者认为，明确写出相应的标题会增加今后被禁止反悔的可能。比如，写在"背景技术"中的内容可能会被认为是申请人承认的已知现有技术。如果不小心将跟发明概念相关的内容写入"背景技术"，以后想反悔就不容易了。

具体到每个部分的撰写，笔者认为需要注意的地方如下。

(1) 技术领域

有种说法是技术领域定义得越宽越好。但笔者认为，不能定义得过宽，而应该是适当的宽。其原因在于，在欧洲和美国争辩创造性时对比文件和发明的技术领域是否相同是很重要的争辩点。如果说明书把发明的技术领域定义得过宽，相当于给审查员以口实，在很宽的技术领域中寻找对比文件，从而对创造性的争辩产生不利影响。笔者是学通信的，看到很多说明书的第一句是：本发明涉及通信领域，特别是涉及无线通信领域。这种表述就明显过宽了，因为学过通信的人都知道，通信领域包括的内容实在太宽了，甚至无线通信领域一词都太宽了。笔者认为，说明书发明领域中的表述不会因为其一句话就能扩大保护范围，所以应该写得适当的宽，只要不对发明基本概念产生限制就可以了。

(2) 背景技术

背景技术顾名思义应该只介绍背景。一般来讲，背景技术会描述相关的现有技术及其缺点。有些专利代理人还会把根据缺点总结出的需要解决的技术问题也写入背景技术。笔者认为，比较好的方式是只描述现有技术，其缺点和需要解决的技术问题不要放到背景技术中。其原因主要是，不少发明的关键在于发现现有技术的缺点并总结出技术问题，最后解决问题的手段可能比较简单。对于这种发明，如果将现有技术的缺点和技术问题写入背景技术，相当于承认了它们是已知的，那么在争辩创造性时就会对申请人自己产生不利。所以，为了避免潜在的禁止反悔的可能，应该在撰写所有新申请时都统一不把现有技术的缺点和技术问题写到背景技术中去。其实，由于美国的禁止反悔原则把握得非常严，很多美国专利代理人在撰写背景技术时惜字如金，往往只用很小一段话来介绍本发明背景技术的背景技术，即只是把发明的技术领域作了一个很简要的扩展，根本不涉及与发明直接相关的现有技术的任何细节。这样的方式最大可能地避免了禁止反悔的可能。由于中国现在也使用禁止反悔原则，笔者建议可以考虑上述美国专利代理人的方法。

(3) 发明内容

根据上面的讨论，发明内容部分一般应该以描述现有技术的缺点开始，并总结技术问题，然后阐述发明的方案。

对于技术问题的定义，一个总原则是要定义得宽。如果一个问题定义得过窄，而在后续程序中需要修改权利要求且新的权利要求解决的问题与原申请文件所表述的不一样，那么就可能会面临禁止反悔原则挑战。

在欧洲由于没有禁止反悔原则，且其审查指南中是明确规定可以重新定义技术问题的，所以技术问题定义的宽窄其实对后续程序的影响并不太明显。

在美国禁止反悔原则的严格执行致使很多美国专利代理人在定义技术问题以及与其相关的现有技术的缺点和发明的效果、优点等方面非常谨慎。一种极端的方式是在整个说明书中不提任何与缺点、问题、效果以及优点的内容。整篇说明书以一种流水账的方式撰写，没有任何重点。这样的说明书比较难读懂，给后续的办案带来了不小的挑战，但是可以在最大限度上避免被禁止反悔。笔者所在事务所的一个国际非常知名的大客户的所有申请文件都是以这种方式撰写的。

在中国，审查阶段使用了类似于欧洲的原则，且中国《专利审查指南2010》也明确规定可以重新定义技术问题。但是中国又采用了美国的禁止反悔原则，致使在审查阶段重新定义的技术问题可能在后续程序中面临挑战。这样中国专利代理人在撰写申请文件和答复审查意见时会处于两难的境地。所以中国实践中对禁止反悔原则的运用到底把握在什么度上，将直接影响专利代理人今后撰写申请文件和答复审查意见的策略和方式。所以，笔者也在此建议中国专利系统在把握禁止反悔原则时不应像美国那么严，而是根据中国《专利法》的具体情况，适度把握。但是，为了安全起见，专利代理人在撰写申请文件时还是尽量根据美国的实践，即定义尽量宽的问题，甚至是不定义问题。

到底什么样的问题是定义得比较好的呢？打个比方，一个菜盐放少了，我们如何定义要解决的问题：(a)"盐放少了"：这个问题定义得不仅太窄，而且还把解决问题的手段都提示出来了；(b)"菜淡了"：这个问题定义得稍微宽了一些，解决问题的手段除了放盐还可以放其他能使菜不淡的调料；(c)"菜不好吃了"：这似乎是一个更宽且比较合理的定义，解决这个问题的手段将不仅限于调料，还可以是烹煮的手段等；(d)"菜没有吸引力了"：这是更宽的一种定义，看起来似乎已经有些不合理了，但是未尝不是一种不错的选择。

发明内容的下一部分往往是权利要求书的重复及其所能达到的技术效果和优点。在欧洲，特别是德国，专利代理人在这个部分往往并不是简单重复权利要求书，而是在重复完每个权利要求的文字后立即将其相关的重要概念进行展开。也就是把没有纳入权利要求中的中位概念以及下位的实施例的一些名词和基本特征描述一下，其类似一个概念性的"基础实施例"。这种写法其实按严格意义上讲并不应放入发明内容部分。但是，由于在欧洲和德国的申请文件中无须在这部分内容前加上"发明内容"的标题，而且由于欧洲没有禁止反悔原则，这种写法在欧洲不会引起问题。但是，这种写法在中国和美国就可能引起禁止反悔的问题。所以，笔者认为如果需要一个"基础实施例"，应该将其写在具体实施方式的部分。

那么，发明内容部分到底是否应重复所有权利要求的内容呢。根据笔者的经验，美国的很多申请已经趋向于整个发明内容部分只简单地重复一遍独立权利要求，没有其他任何内容。在这种情况下，权利要求书的重复可以考虑放在具体实施方式中，以一个"基础实施例"的形式出现。其作用是一方面给权利要求书以形式上的支持，另一方面是利用"基础实施例"中的概念扩展将权利要求书与具体实施例联系起来。

（4）附图说明

将各个附图用最简要的文字进行说明。

（5）具体实施方式

如上面所讨论的，笔者建议把现有技术的缺点以及发明解决的问题、产生的效果、具有的优点都放到具体实施方式里。

另外，笔者还建议在描述具体实施例前先写一个"基础实施例"，其以权利要求书的文字为基础，引入更多的中位概念并将所有的概括联系到相应具体实施例的特征。

在"基础实施例"之后是多个并列的具体实施例，或者是一个大的、完整的、具有很多分支的具体实施例。具体使用哪种方式描述实施例应可以根据发明的技术特性来确定。

4. 申请文件整体结构

根据以上讨论，笔者总结了一个相对适合各国法律实践的申请文件结构，供读者参考。

① 发明名称：与独立权利要求主题一致（符合中国实践，欧美没有相关要求）。

② 援引加入：美国实践，在进入中国和欧洲后删除即可。

③ 技术领域：适当宽，利于欧洲和美国创造性争辩的实践。

④ 背景技术：非常简单地描述现有技术的背景，以应对中国和美国的禁止反悔原则。

⑤ 发明内容：为了应对中国和美国的禁止反悔原则：

——没有现有技术的问题和本发明的目的；

——只复述独立权利要求；

——没有本发明的技术效果和优点。

⑥ 具体实施方式：可以考虑使用流水账式描述，不涉及问题、目的或优缺点，以应对中国和美国的禁止反悔原则。如果不喜欢这种比较极端的方式，可以考虑采用如下方式：

——现有技术缺点、发明要解决的问题和目的。

——复述权利要求书全部内容，但同时概念性地展开，作为"基础实施例"。另外加上欧洲和/或美国的计算机程序及其介质、信号结构和功能性限定装置等权利要求。

——发明的效果和优点。

——描述具体实施例：
- 一个大的、完整的、具有很多分支的具体实施例；或
- 几个并列的完整实施例。

⑦ 权利要求：多项引多项，适合欧洲要求，同时为中美程序提供潜在的修改依据。

⑧ 摘要：与独立权利要求一致（符合中国要求。欧美没有此要求）。

⑨ 附图。

五、总　结

上面详细讨论了发明专利申请文件撰写的目标、需要掌握的基础知识以及撰写的具体步骤。这些是笔者根据多年所学总结出来的，希望能给专利代理人撰写出好的申请文件能带来一些帮助。

但是，在任何情况下，一个好的申请文件是以专利代理人及其事务所的"认真"为基础的，这也是我们这个行业的性质所决定的。

最后打个比方，一个孩子（发明）的先天基因（发明点）已经由其父母（发明人）确定，其经过多个老师（专利代理人和知识产权经理）多年地精心教育培养长大成人（申请文件），即他的性格和世界观已经基本定型了。从此之后他就要走入社会（递交专利局），独立经受社会的各种严苛考验，走完其人生（专利20年的有效期）。其间如遇到问题和困难，父母和老师可能还能

给些意见建议让其作出一些调整来应对问题（审查和无效宣告过程中的修改）。但是由于"江山易改，本性难移"，这个孩子将来成功的可能性有多大，在其走向社会的那一天已经基本注定了。另外，现在世界趋于全球化，孩子长大后很可能会出国学习生活（同族国外申请）。即使不出国，中国的社会（中国《专利法》及其实践）也会受到全球化的影响融入越来越多的国际因素。所以，在培养孩子的过程中还应该教育孩子有国际化的思维和视野（撰写时应考虑在其他国家可能出现的问题）。

因此，专利代理人撰写申请文件应该像老师培养孩子一样尽心尽职。但是只做到尽心尽职还远远不够，因为如果老师自己既没有丰富的知识，又没有经受过社会的各种严苛考验，那么他们是无法教育出一个能经得起考验的孩子的。所以，在当老师之前必须接受各种专业培训和社会的历练（参与大量国内国际审查意见的答复，甚至无效和诉讼的相关工作）。

老师是人类灵魂的工程师，专利代理人应该是专利灵魂的工程师。

由专利侵权诉讼的典型案例谈专利申请文件的撰写

尹 昕[*]

【摘　要】

专利申请文件的质量对专利权的保护至关重要。研究专利侵权案例是探讨申请文件撰写质量并从中吸取借鉴经验教训的有效途径。本文通过梳理分析近年来《最高人民法院知识产权案件年度报告》发布的专利侵权典型案例，探讨了权利要求及说明书中的措辞和用语、权利要求的撰写方式、授权与确权程序中对专利文件的修改等方面的内容，以期给予业内人士有益启示，促进专利申请文件撰写质量的提高，充分保护发明创造。

【关键词】

专利侵权　专利申请文件　权利要求书　说明书

在专利申请过程和后续的侵权诉讼中，专利申请文件的撰写质量直接影响专利申请能否授权和未来权利的稳定性，对专利权的保护至关重要。根据相关研究成果，国家和地区的专利质量可以通过专利申请成功率、发明专利比重、国际化水平、有效专利持续时间和技术影响力等因素进行评价[1]。单个专利的质量评价则可以考虑技术质量（发明点高度、技术可替代性等）、保护质量（同族专利数量、权利要求数量等）、产业化能力、社会效益、经济效益等指标[2]。以上评价方式主要用于统计国家或地区的整体专利质量，或者用于评价申请文件撰写没有明显瑕疵的专利技术本身的质量，并不涉及申请文件具体的撰写策略和质量。目前针对我国专利申请文件撰写质量的评价和分析的研究数

---

[*] 作者单位：国家知识产权局专利复审委员会。

[1] 石书德. 从主要专利质量指标看我国专利的发展水平［J］. 科技和产业，2012（7）.

[2] 冯君，等. 单件专利质量评价指标体系研究［J］. 科技管理研究，2012（23）.

量较少，有文献通过授权后的无效宣告程序对申请文件的撰写质量进行了个案分析并给出了意见建议。❶。

与专利权的无效宣告请求确权程序类似，授权后的专利侵权诉讼程序也是对专利质量以及申请文件撰写水平的直接考验。由于其直接涉及当事人的经济利益和市场份额，对当事人而言意义举足轻重。近年来我国专利保护水平有了很大提高，然而，仍有一些国内专利权人不清楚其所获得的专利权究竟能在多大程度上保护自身的创新成果。等到自己的创新成果受到现实侵害，想要依靠手中的专利权维护自己的权益时，往往才惊觉当初专利申请文件的撰写存在瑕疵，而这种瑕疵所带来的损失有时是无法挽回的，导致本应属于自己的创新技术无法得到保护。专利侵权案例往往可以在专利申请文件的撰写方面给予申请人和专利代理人以直接的、鲜活的指引和启示。通过研究专利侵权典型案例，不仅可以深入了解和领会专利侵权诉讼中法院对权利要求的解释、侵权判定原则、举证责任分配等规则，而且能够参考借鉴其中的经验教训，从而促进申请人和专利代理人提高专利申请文件的撰写质量，充分保护发明创造。为此，本文对近年来最高人民法院（以下简称"最高人民法院"）发布的专利侵权典型案例进行了梳理分析，并以其中的部分案件为例，探讨在申请文件的撰写过程中应该予以高度关注的问题，以提供前车之鉴，从中吸取经验教训。

我国并非案例法国家，案例在法律地位上不能与法律、法规或者司法解释相提并论，但是，无论对社会公众、下级法院还是业界学者，案例的示范作用和影响力不可低估。近几年，最高人民法院民事审判第三庭（以下简称"民三庭"）将贯彻实施案例指导制度作为发挥其对下级法院业务指导职能的重要途径之一。❷ 从2008年起，每年对其审理的知识产权典型案件进行分析、梳理和归纳，精选出若干具有普遍指导意义的案例予以发布，形成《知识产权案件年度报告》（以下简称《报告》），并在每年4·26世界知识产权日期间向社会公布。

根据笔者的统计，2008~2012年的《报告》❸ 公开了涉及侵犯发明、实用

---

❶ 牛光华，周瑞艳，刘景钰. 浅述专利代理工作中的"三自"原则——从专利无效的经验中反观如何提高专利的申请质量 [M]. 中华全国专利代理人协会. 发展知识产权服务业 支撑创新型国家建设——2012年中华全国专利代理人协会年会第三届知识产权论坛论文选编. 北京：知识产权出版社，2012：351-364.

石志超，等. 从一起农机专利申请无效宣告案件看申请文件的撰写 [J]. 农业机械，2012（22）.

杨凤云. 从无效角度看专利申请文件的撰写 [J]. 中国发明与专利，2008（12）.

❷ 2010年11月26日《最高人民法院关于案例指导工作的规定》发布。

❸ 奚晓明. 最高人民法院知识产权审判案例指导：第一至四辑 [M]. 北京：中国法制出版社，2010，2011，2012. 2012年中国法院知识产权司法保护十大创新性案件 [EB/OL]. [2013-04-22]. (2013-06-28). http://www.chinacourt.org/article/detail/2013/04/id/949762.shtml.

新型专利权的专利侵权民事诉讼案件 27 件。❶ 其中最终结论为侵权发明或实用新型专利权的有 5 件,结论为不侵权的有 22 件。可见,这些专利侵权纠纷案件中绝大多数的最终审理结论为被控侵权的技术方案不侵犯涉案专利权。其中不乏与专利申请文件的撰写存在密切关系的典型案件。通过对这些案例的解读分析可获得有关专利申请文件撰写技巧和策略的启示。

一、权利要求及说明书中的措辞和用语

权利要求书是确定专利权保护范围不可缺少的文件。在谈到权利要求书的重要性时,有西方学者将专利制度称作"一场名为权利要求的游戏"(the name of the game is claim)。❷ 权利要求是专利保护的核心,从专利申请、专利审查到专利保护,都是围绕专利权利要求而进行的:在专利审查过程中,专利局审查专利要求界定的技术方案是否符合专利的授权要件。在专利侵权诉讼过程中,法院需要根据权利要求的记载确定专利的保护范围,❸ 并以此为基础进行侵权判定。

在柏万清与成都难寻物品营销服务中心、上海添香实业有限公司侵害实用新型专利权纠纷申请再审案[(2012)民申字第 1544 号]中,最高人民法院指出,对于权利要求保护范围明显不清楚的专利权,不应认定被诉侵权技术方案构成侵权。该案涉及专利号为 200420091540.7、名称为"防电磁污染服"实用新型专利。其权利要求 1 要求保护一种防电磁污染服,其中的技术特征之一为:起屏蔽作用的金属网或膜由导磁率高而无剩磁的金属细丝或者金属粉末构成。被诉侵权产品与之相应的技术特征是:起屏蔽作用的金属防护网由不锈钢金属纤维构成。一审法院认为,该专利技术特征中导磁率高低的区分标准不明确,同时没有证据表明被诉侵权产品所采用的不锈钢丝的导磁率已达到上述"高"限,原告柏万清关于上述技术特征相同的主张不能成立。二审维持了一审判决。最高人民法院审查认为:准确界定专利权的保护范围,是认定被诉侵权技术方案是否构成侵权的前提条件。如果结合本案专利说明书、本领域的公知常识以及相关现有技术等,仍然不能确定权利要求中技术术语的具体含义,无法准确确定专利权的保护范围,则无法将被诉侵权技术方案与之进行有意

---

❶ 为更加契合本文的主题内容,未将仅涉及管辖权异议等程序性问题而不涉及侵权判定实体问题的案件统计在内,同时去除了涉及侵犯外观设计专利权纠纷的案件。

❷ Giles S. Rich, Extent of the Protection and Interpretation of Claims—American Perspectives, 21 Int'l Rev. Indus. Prop. & Copyright L. 497, 499 (1990).

❸ 闫文军. 专利权的保护范围[M]. 北京:法律出版社,2007.

的侵权对比。就"导磁率高"这一技术特征而言，本领域技术人员根据该案专利说明书，难以确定该案专利中所称的导磁率高的具体含义。柏万清提供的证据也并不能证明本领域技术人员对于高导磁率的含义或者范围有着相对统一的认识。因此本领域技术人员不能准确确定权利要求1的保护范围，无法将被诉侵权产品与之进行有意义的侵权对比。因此，对于保护范围明显不清楚的专利权，不应认定被诉侵权技术方案构成侵权。

该案中，最高人民法院首次认定对于无法准确确定专利权的保护范围的专利权，不应认定被诉侵权技术方案构成侵权，并因此被评为2012年知识产权司法保护十大创新性案件。该案在专利侵权判定程序中明确指出涉案专利权利要求的撰写存在明显瑕疵，导致无法准确确定专利权的保护范围，即权利要求保护范围不清楚，可能涉及确权程序中对专利权效力的认定。尽管这种做法与我国专利确权行政诉讼与专利侵权民事诉讼的职权分离模式有一定冲突，在业界存在争议，但其中体现的人民法院强化民事程序对纠纷解决的优先和决定地位，促进民行交织的知识产权民事纠纷的实质性解决的政策导向❶可能对未来此类专利权的保护产生影响。

可见，申请人在撰写申请文件时，要高度重视权利要求的用词，保证其准确清楚。该案中，由于"高导磁率"这一在本领域含义不清晰的措辞，使得权利要求的保护范围无法准确界定，从而导致涉案专利权无法得到有效保护。此外，还可以由本案得出的另一个启示在于要高度重视说明书对权利要求的解释作用。由于该案中专利说明书记载的内容十分简单，对技术方案的阐释几乎与权利要求的内容相同，对"高导磁率"未给出合理的说明，导致法院即使充分考虑了说明书的内容，也无法确定权利要求的保护范围。

与前述案例相反，在申请再审人台山先驱建材有限公司与被申请人广州新绿环阻燃装饰材料有限公司、付志洪侵犯实用新型专利权纠纷案〔（2010）民申字第871号〕中，虽然本领域技术人员对权利要求的表述内容产生了不同的理解，导致权利要求保护范围存在争议，但由于说明书内容对有分歧的内容进行了解释说明，二审法院以及最高人民法院均认可了说明书对权利要求书的解释，确认了权利要求的保护范围并认定被控侵权技术方案落入其保护范围。

涉案专利的权利要求1为："一种玻镁、竹、木、植物纤维复合板，它由镁质胶凝竹、木、植物纤维复合层和玻纤网格布层或竹编网增强层组成，其特征在于：……"说明书具体实施例指出：镁质胶凝植物纤维层是由氯化镁、

---

❶最高人民法院知识产权案件年度报告（2012）［EB/OL］．［2013-04-25］．（2013-06-28）．http：//www.court.gov.cn/xwzx/yw/201304/t20130425_183640.htm.

氧化镁和竹纤维或木糠或植物纤维制成的混合物。在案件审理过程中，双方当事人对于"镁质胶凝竹、木、植物纤维复合层"中"竹、木、植物纤维"究竟是并列选择的关系还是同时具备的关系产生了争议。一审法院认为，该案应当以权利要求 1 记载的技术内容确定涉案专利权的保护范围，即复合板并列采用了竹、木、植物纤维三种材料。被诉侵权产品不含竹、木材料，与涉案专利权利要求 1 不同。遂判决驳回原告的诉讼请求。二审法院认为，如对权利要求书中记载的内容产生不同理解，可以结合说明书对权利要求进行解释。该案中，在涉案专利说明书实施例中，竹、木、植物纤维三种材料具备其中之一即可，而必须同时具备。因此，被诉侵权产品落入权利要求 1 的保护范围，遂判决撤销一审判决。最高人民法院审查认为：仅从该专利权利要求 1 对"竹、木、植物纤维"三者关系的文字表述看，很难判断三者是"和"的关系还是"或"的关系，应当结合说明书记载的相关内容进行解释。根据专利说明书实施例的记载可见，专利权利要求 1 对"竹、木、植物纤维"三者关系的表述，其含义应当包括选择关系，即三者具备其中之一即可，而非竹、木及植物纤维三者必须同时具备。据此，最高人民法院裁定维持了二审判决。

上述两个案例在集中体现了权利要求中的用语对于专利权保护的重要性的同时也由正反两个方面凸显了说明书对解释权利要求的重要作用。说明书是专利申请人或专利权人公开其发明或者实用新型的文件，是专利文件不可或缺的载体。在侵权纠纷处理过程中，通常会以权利人主张的权利要求来界定专利权的保护范围，但当双方当事人就专利权的保护范围存在分歧或争议时，说明书可以用于解释权利要求书，以便准确地界定专利权的保护范围。目前，世界上主要国家和地区的专利法实践对权利要求的解释均采用了折中解释的原则，其中以 1977 年 10 月 7 日生效的《欧洲专利公约》第 69 条❶及其议定书❷为典型代表。我国《专利法》同样也遵循了这一原则。

总之，基于权利要求和说明书在专利保护中各自的重要地位和不同作用，其中的用语和措辞直接影响着专利权的保护。

---

❶《欧洲专利公约》第 69 条：一份欧洲专利或者欧洲专利申请的保护范围由权利要求书的内容确定，说明书和附图用于解释权利要求。

❷《欧洲专利公约》第 69 条议定书：第 69 条不应当被理解为一份欧洲专利所提供的保护由权利要求的措辞的严格字面含义来确定，而说明书和附图仅仅用于解释权利要求中的含糊不清之处；也不应当被理解为权利要求仅仅起到一种指导作用，而提供的实际保护可以从所属领域的技术人员对说明书和附图的理解出发，扩展到专利权人所期望达到的范围。这一条应当被理解为定义了上述两种极端之间的一种中间立场，从这一立场出发，既能为专利权人提供良好的保护，同时对他人来说又具有合理的法律确定性。

二、权利要求的撰写方式

我国《审查指南1993》和《审查指南2001》在第二部分第十章"关于化学领域发明专利申请审查的若干规定"中均规定了有关"开放式、半开放式和封闭式"权利要求的撰写方式。从《审查指南2006》起删除了有关半开放式权利要求的规定，同时在第二部分第二章有关权利要求的一般性要求中增加了关于"开放式"和"封闭式"权利要求的规定：通常，开放式的权利要求宜采用"包含"、"包括"、"主要由……组成"的表达方式，其解释为还可以含有该权利要求中没有述及的结构组成部分或方法步骤。封闭式的权利要求宜采用"由……组成"的表达方式，其一般解释为不含有该权利要求所述以外的结构组成部分或方法步骤。这意味着，开放式与封闭式权利要求不仅存在于化学领域，而是任何领域都适用的通用标准。虽然申请人、专利代理人和审查员对这种规定都很清楚，然而，由于此前已知的相关案例很少，业内对这两种不同的撰写形式对于专利权的保护范围究竟有何种影响并不十分清楚。

在申请再审人山西振东泰盛制药有限公司、山东特利尔营销策划有限公司医药分公司与被申请人胡小泉侵犯发明专利权纠纷案〔（2012）民提字第10号〕中，涉案专利权利要求2为："一种注射用三磷酸腺苷二钠氯化镁冻干粉针剂，其特征是：由三磷酸腺苷二钠与氯化镁组成，二者的重量比为100毫克比32毫克。"被控侵权药品的主要成分为三磷酸腺苷二钠和氯化镁，规格为三磷酸腺苷二钠100mg、氯化镁32mg，性状为白色或类白色冻干块状物或粉末。其辅料为碳酸氢钠和精氨酸。一审法院和二审法院认为，被诉侵权药品中的碳酸氢钠和精氨酸仅仅为辅料而非主要成分，加入辅料是药物制备过程中的必备环节，碳酸氢钠和精氨酸是药物制备工艺中的常用辅料，不是发挥药效的活性成分，对该案专利封闭式权利要求进行解释时，"不包括其他组分"不应理解为不包括辅料成分，因此认定被诉侵权药品落入本案专利权的保护范围。最高人民法院提审认为：该案专利权利要求2明确采用了"由……组成"的封闭式表达方式，属于封闭式权利要求，应该解释为要求保护的注射用三磷酸腺苷二钠氯化镁冻干粉针剂仅由三磷酸腺苷二钠与氯化镁组成，除可能具有通常含量的杂质外，别无其他组分。辅料并不属于杂质，辅料也在该案专利权利要求2的排除范围之内。原再审判决认为该案专利权利要求2不应理解为不包括辅料成分错误，应予纠正。被控侵权产品不落入权利要求2的保护范围。

由该案可以看出，最高人民法院在专利侵权诉讼程序中采取了与专利审查指南一致的对封闭式、开放式权利要求的严格解释规则，即将封闭式权利要求解释为一般不含该权利要求所述以外的结构组成部分或者方法步骤。这意味着，一旦撰写为封闭式的权利要求，则包括权利要求限定的组成部分之外其他内容的被控侵权技术方案一般不落入专利权的保护范围。

该判决提示我们，如果专利权人在专利授权程序中出于各种原因未能恰当地选择权利要求的撰写方式，选择了保护范围相对较小的封闭式权利要求，则在侵权诉讼程序中，无论被控侵权的技术方案相对于涉案专利增加还是减少了技术特征，都可以规避侵权。本案中，涉案专利的发明点在于将三磷酸腺苷二钠氯化镁注射液剂型制备为冻干粉针剂的剂型改变，使药物更易储藏和运输，而不在于辅料是否存在及其类别。因此，其选择"由……组成"的封闭式撰写方式实际上不必要地排除了辅料的存在，在有机会主张更宽保护范围的开放式权利要求的情况下，专利权人在专利侵权诉讼程序中往往发现其专利权的保护范围远比预想中的小。这种对封闭式、开放式权利要求的严格解释规则应当引起所有领域当事人的关注，在申请专利时根据具体情况在开放、封闭、活性成分封闭、部分封闭等多种方式中选择恰当的撰写方式，从而获得恰当的保护范围。

三、授权与确权程序中对专利文件的修改

当专利申请人/专利权人为了满足《专利法》及《专利法实施细则》关于授予专利权的实质性条件而对申请文件或专利文件进行修改或者意见陈述时，如果该修改或意见陈述限制了权利要求的保护范围，并且修改或意见陈述的目的是为了获得授权或维持专利权继续有效，将可能导致禁止反悔原则的适用。这要求在授权程序、确权程序以及判断被控侵权技术方案是否侵犯专利权时，申请人和专利权人对权利要求的解释应当前后一致并且对权利要求和说明书的修改应当十分慎重，不能只顾及授权而不考虑修改对权利要求保护范围的影响。

在申请再审人湖北午时药业股份有限公司与被申请人澳诺（中国）制药有限公司、原审被告王军社侵犯发明专利权纠纷案［（2009）民提字第20号］中，涉案专利权利要求1为："一种防治钙质缺损的药物，其特征在于：它是由下述重量配比的原料制成的药剂：活性钙4~8份，葡萄糖酸锌0.1~0.4份，谷氨酰胺或谷氨酸0.8~1.2份。"涉案专利申请公开文本中，其独立权利要求为可溶性钙剂，可溶性钙剂包括葡萄糖酸钙、氯化钙、乳酸钙、碳酸钙或活性钙。在国家知识产权局第一次审查意见通知书中，审查员认为，该权利要求书中使用的上位概念"可溶性钙剂"概括了一个较宽的范围，而申请人仅

对其中的"葡萄糖酸钙"和"活性钙"提供了实施例,对于其他的可溶性钙剂没有记载配方和效果,本领域技术人员难于预见其他的可溶性钙剂按照该发明的配方是否也能在人体中发挥相同的作用,权利要求在实质上得不到说明书的支持。申请人针对该意见对权利要求书进行了修改,将"可溶性钙剂"修改为"活性钙"。在专利侵权诉讼程序中,被控侵权产品与涉案专利产品"活性钙"对应的技术特征为"葡萄糖酸钙",一审法院和二审法院认为,只有为了使专利申请具有新颖性或创造性而进行的修改或意见陈述,才产生禁止反悔的效果。本案专利权人将独立权利要求中的"可溶性钙剂"修改为"活性钙",是为了使其权利要求得到说明书的支持,不产生禁止反悔的效果。被诉侵权产品与涉案专利构成等同。最高人民法院再审认为,在专利申请公开文本中,葡萄糖酸钙与活性钙是并列的两种可溶性钙剂,此外,实施例1、2分别记载了以葡萄糖酸钙和活性钙作为原料的技术方案,这都说明葡萄糖酸钙与活性钙是并列的特定钙原料,葡萄糖酸钙并非活性钙的一种。申请人将"可溶性钙"修改为"活性钙"放弃了包含"葡萄糖酸钙"技术特征的技术方案。根据禁止反悔原则,涉案专利权的保护范围不应包括"葡萄糖酸钙"技术特征的技术方案,被诉侵权产品的相应技术特征为葡萄糖酸钙,属于专利权人在专利授权程序中放弃的技术方案,不应当认为其与权利要求1中记载的"活性钙"技术特征等同。据此撤销了原审判决。

该案中,申请人针对审查意见通知书修改了权利要求书,授权文本仅保留了涉及"活性钙"的技术方案,而由说明书的内容又可以看出"活性钙"与"葡萄糖酸钙"是并列的,因此导致其实际上放弃了涉及"葡萄糖酸钙"的技术方案。尽管涉案专利说明书中记载了采用葡萄糖酸钙的实施例,但由于没有在权利要求中予以保护,实际上已经将其"捐献"给公众。可见,在授权确权程序中对权利要求进行修改和意见陈述时要充分考虑是否会适用禁止反悔原则的问题,防止在侵权诉讼中对适用等同原则的限制,从而无法充分保护自己的发明创造。

综上所述,由专利侵权诉讼案件可以深刻体会到,专利文件撰写质量的好坏,直接决定着专利权人的维权的难易和成败。因此,对于权利要求书的撰写不应当仅以获得授权为目的,还应当考虑获得适宜的保护范围。不仅要恰当地选择权利要求的撰写类型,对权利要求、说明书中的用语措辞字斟句酌,还要重视说明书对权利要求的解释作用,并且在授权、确权程序中审慎对待对申请文件的修改以及意见陈述的内容。

本领域技术人员的概念
在审查实务中的影响及对策

朱 弋[*]

【摘 要】

本文通过对中、欧、美、日的"本领域技术人员"这一概念的比较，以求厘清该概念在评价创造性、权利要求是否得到说明书的支持、公开是否充分、修改是否超出原始公开内容的范围等主观色彩浓厚的授权标准时的影响及成因，并结合《专利法》《专利法实施细则》《专利审查指南2010》以及《巴黎公约》的相关规定，试图给出一种能够消除上述主观色彩浓厚的授权标准对获取合理、稳定的保护范围的不利影响的可行方法。

【关键词】

本领域技术人员　获知　公知常识　优先权

一、缘　起

随着全球化的发展，越来越多的企业为了保证自身经济活动的全球自由度，对专利的跨区域战略布局益发重视。而为了实现这样的跨区域专利战略布局，充分利用《保护工业产权巴黎公约》（以下简称《巴黎公约》）、《专利合作条约》（以下简称"PCT"）等国际条约的规定，向多个地区专利局提交相同内容的专利申请就成为了一种惯例。

根据上述国际公约的精神，在排除不准确翻译因素的干扰的理想状态下，相同内容的专利申请在各地区局应当具有同样的授权前景和同样的权利范围。但现实并非如此。尤其是在涉及主观色彩较浓重的授权条件——创造性、公开

---

[*] 作者单位：北京泛诚知识产权代理有限公司。

是否充分、权利要求书是否得到说明书支持、修改是否超出原始公开范围等方面时，同样内容的专利申请文件在不同地区得出不同审查结果的情况并非少数。

如果同样内容的专利申请文件在不同地区出现不同的审查结果，势必影响企业的专利战略布局。为了寻求该问题的解决方案，需要从主观因素和客观因素这两方面来分析。就专利申请文件而言，其客观因素主要体现为物的因素，例如受理局所在地区的知识产权战略和法律发展水平；而主观因素则主要体现为人的因素，例如审查员个人的认知。

在全球化日益发展，积极沟通、竭诚合作已经成为广泛共识的今日，即使各地区知识产权战略在细节上存在差异，但在原则与方向上出现巨大偏差的情况已不多见。因此，上述同样内容的专利申请文件在不同地区出现不同审查结果的成因自然应当归结至法律规定和具体审案人的认知水平。

规定和认知水平的差异在衡量例如语意是否清楚、用词是否规范、手续是否完备这类事实时的影响较小，但在面对上述主观色彩比较浓重的授权条件时则影响较大。

从法律（专利法）、行政法规（实施细则）和部门规章（审查指南）三个层面将中、欧、美、日的规定进行比较可知：各地区在专利法和实施细则这两个层面的规定因为比较抽象而基本相同。但在作为部门规章的审查指南层面，则可能因地区之间的经济发展水平、行为准则、认知方式、思维习惯等方面的差异而存在诸多不同。为了尽量确保对上述主观色彩比较浓重的授权条件的判断的客观性，各地区在部门规章这一层面均引入了一个假想的"人"——本领域技术人员。这样，所有主观性问题的焦点就自然而然地汇聚至该假想的"人"。因此，在就同样内容的专利申请文件在不同地区出现不同审查结果这一问题提出解决方案之前，有必要对该假想的"人"进行一番比较和分析。

二、本领域技术人员的概念比较

中、欧、美、日在其各自的审查指南中对"本领域技术人员"的定义如下：

中国国家知识产权局专利局

所属技术领域的技术人员，也可称为本领域的技术人员，是一种假设的"人"，假定他知晓申请日或者优先权日之前发明所属领域所有的普通技术知识，能够获知该领域中所有的现有技术，并且具有应用该日期之前常规实验手段的能力，但他<u>不具有创造能力</u>。如果所要解决的技术问题能够促使本领域的技术人员在其他技术领域寻找技术手段，他也应具有从该其他技术领域中<u>获知</u>该申请日或者优先权日之前的相关现有技术、普通技术知识和常规实验手段的能力。❶

欧洲专利局

本领域的技术人员是一种假设的人，他应当是一位所属领域的技术熟练的从业者，假定他<u>具有</u>平均知识水平和能力，并<u>了解</u>相关日期之前所属技术领域所有的普通技术知识。而且，他应当已<u>获得</u>所属领域中所有技术内容，尤其是检索报告中所引用的文献，并且<u>具有</u>技术问题所属技术领域的从事日常工作和进行常规实验的通常手段和能力。如果该技术问题促使本领域技术人员在其他技术领域寻求该技术问题的解决手段，则他会向该其他技术领域的专家咨询以解决该技术问题。本领域技术人员的水平随着其所属技术领域的发展而异。他也<u>被期待会</u>在邻近的通用技术领域甚至相距更远的技术领域<u>寻求</u>技术启示，只要存在这种技术启示。判断上述解决手段是否包含具有创造性的步骤，应当以上述专家的知识水平和能力为准。某些情况下，本领域的技术人员更适于被假想成一个群体而不是一个人，例如被假想成一个研究组或者生产团队。应当注意，本领域技术人员在评价"创造性"和"充分公开"时具有同样水准。❷

美国专利商标局

所属领域普通技术人员是一种假想的人，他知晓发明日之前的相关现有技术。被认为有可能影响所属领域普通技术人员水平的因素包括：

---

❶《专利审查指南2010》第二部分第四章第2.4节。

❷ "The person skilled in the art" should be presumed to be a skilled practitioner in the relevant field of technology, who is possessed of average knowledge and ability and is aware of what was common general knowledge in the art at the relevant date. He should also be presumed to have had access to everything in the "state of the art", in particular the documents cited in the search report, and to have had at his disposal the means and capacity for routine work and experimentation which are normal for the field of technology in question. If the problem prompts the person skilled in the art to seek its solution in another technical field, the specialist in that field is the person qualified to solve the problem. The skilled person is involved in constant development in his technical field. He may be expected to look for suggestions in neighbouring and general technical fields or even in remote technical fields, if prompted to do so. Assessment of whether the solution involves an inventive step must therefore be based on that specialist's knowledge and ability. There may be instances where it is more appropriate to think in terms of a group of persons, e.g. a research or production team, rather than a single person. It should be borne in mind that the skilled person has the same level of skill for assessing inventive step and sufficient disclosure. (*Guidelines for Examination in the European Patent Office*, Chapter Ⅳ, , EPO, Part C, Chapter Ⅳ, 11.4. , April. 2010)

① 所属领域的技术问题的类型；
② 现有技术中解决此类技术问题的技术手段；
③ 作出发明创造的便捷程度；
④ 技术的复杂程度；
⑤ 所属领域技术人员的受教育程度。❶

所属领域普通技术人员并非不动脑筋机械行事的人，他还具有普通的创造能力。❷在很多情况下，所属领域普通技术人员有能力将多份专利的教导像智力拼图般拼接在一起。❸

日本特许厅

具有发明所属技术领域的通常知识的人，是一种假定的人，也被称为本领域的技术人员，他<u>具有</u>提交发明专利申请时要求保护的发明所属技术领域中的<u>技术常识</u>，<u>能够运用</u>研究、开发所需的通常的技术手段，能够发挥材料选择、设计变更等方面<u>通常的创作能力</u>，并<u>有能力</u>将提交专利申请时要求保护的发明所属技术领域的现有技术中所有技术内容<u>转化</u>为自己的知识。需要说明的是，本领域的技术人员<u>有能力</u>将发明所要解决的课题的相关技术领域的技术<u>转化</u>为自己的知识。❹

---

❶ The person of ordinary skill in the art is a hypothetical person who is resumed to have known the relevant art at the time of the invention. Factors that may be considered in determining the level of ordinary skill in the art may include：
（A）"type of problems encountered in the art；"
（B）"prior art solutions to those problems；"
（C）"rapidity with which innovations are made；"
（D）"sophistication of the technology; and"
（E）"educational level of active workers in the field."
（US MPEP 2141.03）

❷ "A person of ordinary skill in the art is also a person of ordinary creativity，not an automaton." *KSR International Co. v. Teleflex Inc.*，550 U.S.，82 USPQ2d 1385，1397（2007）.

❸ "In many cases a person of ordinary skill will be able to fit the teachings of multiple patents together like pieces of a puzzle." "the inferences and creative steps that a person of ordinary skill in the art would employ." Id. 82 USPQ2d at 1396.

❹「その発明の属する技術分野における通常の知識を有する者」（以下、「当業者」という）とは、本願発明の属する技術分野の出願時の技術常識を有し、研究、開発のための通常の技術的手段を用いることができ、材料の選択や設計変更などの通常の創作能力を発揮でき、かつ、本願発明の属する技術分野の出願時の技術水準にあるもの全てを自らの知識とすることができる者、を想定したものである。なお、当業者は、発明が解決しようとする課題に関連した技術分野の技術を自らの知識とすることができる。「審査基準」第Ⅰ部第1章3.2 (1) 及び第Ⅱ部第2章2.2 (2)。

根据上述四地区的本领域技术人员的定义可知，他们有如下三点共性：

（1）知晓发明所属技术领域的所有技术常识。❶

（2）具有发明所述技术领域的常规实验手段的能力。

（3）具有向其他技术领域寻找相关技术手段的动机。

另外，他们还分别具有以下个性：

（1）中国的本领域技术人员具备<u>获知</u>一切知识、技术手段和现有技术，包括跨领域的知识、技术手段和现有技术的能力，但不具备创造力。

（2）欧洲的本领域技术人员在评价"创造性"和"充分公开"时具有同样水准，而涉及跨领域的知识和技术手段，则需要所跨领域的<u>专家</u>而非普通技术人员的水平。

（3）美国的本领域技术人员知晓相关现有技术，并具有普通的创造能力。

（4）日本的本领域技术人员能够发挥材料选择、设计变更等方面通常的创作能力。

根据美国和日本的审查指南的规定，美、日的"本领域技术人员"均具有一定的创造能力。且美、日在描述"本领域技术人员"所具备的包括一定创造能力在内的所有能力的程度时，均采用了无歧义动词，前者为"知道"、后者为"有能力转化"。这样，根据美、日两国的上述规定，本领域技术人员在评价创造性时与评价权利要求书是否得到说明书支持等时，被认为具有同样的水准。尽管美日两国均有学者指出实践中用以衡量创造性时的本领域技术人员与用以衡量说明书支持、公开是否充分、修改是否超范围时的本领域技术人员应当在法律规定中予以分割。❷❸

欧洲的审查指南中未明确指出其"本领域技术人员"是否具备创造能力。但在对"本领域技术人员"所具备的能力进行描述时，针对"本领域技术人员"在所属技术领域和邻近以及较远技术领域的认知能力采用了不同的措辞，这暗示了能力的差异。但同一审查指南中又明确指出评价"创造性"和"充分公开"时应当采用同样水准。所以，就欧洲的本领域技术人员而言，其评价创造性时与评价权利要求书是否得到说明书支持、公开是否充分等时，通常也能够确保较高的同等认知水平。

---

❶欧洲审查指南中关于本领域技术人员对所属领域普通技术知识的"具有＋了解"的运用水平，可视为等同于"知晓"。

❷"Is Patent Law Technology—Specitic?", Dan L. Burk & Mark A. Lemley, 17 Berkeley Tech. L. J. 1155, 1183 − 85（2002）.

❸「特許法において開示要件（実施可能要件・サポート要件）が果たす役割」、潮海久雄、「知的財産法政策学研究」Vol. 16（2007）.

另一方面，在中国的《专利审查指南2010》中，"本领域技术人员"被明确指出不具备创造能力，在描述该"本领域技术人员"对所属技术领域和邻近以及较远技术领域的认知能力时，采用了相同的措辞——能够获知。仅就措辞而言，中国应与上述欧、美、日三国/地区同样，本领域技术人员在评价"创造性"和其他主观色彩浓重的授权条件时具有同样水准。但实际情况是：在中国的审查实务中，在评价这些主观色彩较浓重的授权条件时，经常会出现与欧、美、日不同的审查结论。具体表现是：在评价创造性时，本领域技术人员具有较高的技术水平，能够预见一切可能；而在评价权利要求书是否得到说明书支持、公开是否充分、修改是否超出原始公开范围等时，本领域技术人员又具有较低的技术水平，除了说明书的直接记载的内容之外，不能知晓甚至不能知道任何其他内容。

三、中国的"本领域技术人员"认知水准不确定的原因分析

如上所述，在中国，"本领域技术人员"的认知水准不确定，因案而异。以笔者浅见，造成这一结果的原因有二：

一是中国《专利审查指南2010》中用于确定"本领域技术人员"的认知水平的"获知"一词本身存在一定程度的歧义。

二是"公知常识"这一概念的内涵和外延与评价权利要求书是否得到说明书支持、公开是否充分、修改是否超出原始公开范围等的标准存在一定程度的不一致。

首先，关于"获知"一词，其是由两个词素——"获"和"知"——组成的联合型复合词。"获"为获得，其含义不应有歧义。而"知"则可以被解释为"知道"和"知晓"两层意思。显然，"知晓"不仅包括了"知道"的含义，而且还包括了在"知道"的基础上"理解"的含义。而"理解"这一活动是具有主观能动性的。

在此基础上再来看中国的《专利审查指南2010》中关于"本领域技术人员"所具有的知识和能力。如果关于本领域现有技术的第一个"获知"被解释为"获得并知晓"，则就同样内容已在欧、美、日提出申请且并未被指出"权利要求得不到说明书支持"、"说明书公开不充分"、"申请文件修改超出原始记载范围"等缺陷的申请文件，在中国也应基本上不存在同类问题。反之，如果该"获知"被解释为"获得并知道"，也即没有任何具备主观能动性的理解活动在内，则同样内容的申请有极大可能因某些需要在理解的基础上自我补

充的内容未被明确记载在说明书中而被指出存在上述缺陷。

同理，如果关于其他技术领域的第二个"获知"被解释为"获得并知晓"，则就同样内容已在欧、美、日提出申请并且被认定为具备创造性的主题，在中国会因为知道并理解（知晓）所有技术领域的所有现有技术的"本领域技术人员"的存在而被认定为不具备创造性。反之，如果该"获知"被解释为"获得并知道"，则其对创造性的评价时就需要考虑理解能力、结合动机等因素，使得其能力被节制在合理范围之内，最终使得审查结果与欧美日趋同。

其次，关于"公知常识"这一概念。这一概念并非出现于"本领域技术人员"定义所在的《专利审查指南2010》第二部分第四章第2.4节，而是首次出现在《专利审查指南2010》同一章的第3.2.1.1节的（3），且仅有此处的记载内容因涉及了该概念的外延而看起来更像是该概念的定义。其原文是："所述区别技术特征为公知常识，例如，本领域中解决该重新确定的技术问题的惯用手段，或教科书或者工具书等中披露的解决该重新确定的技术问题的技术手段"。根据《专利审查指南2010》第二部分第四章的整体内容，可以认为，"公知常识"基本上等同于"本领域技术人员"所能够获知的"普通技术知识"。

《专利审查指南2010》的上述记载虽然给出了"公知常识"的两例——本领域中解决该重新确定的技术问题的惯用手段；教科书或者工具书等中披露的解决该重新确定的技术问题的技术手段。但是上述记载内容未给出该概念的内涵。其所采用的"例如"方式，也未能给出该概念的完整外延。因此，为完善这一概念，不得不借助其他记载。

笔者在此借助的是《最高人民法院关于民事诉讼证据的若干规定》（以下简称《规定》）第9条的规定。

第九条 下列事实，当事人无需举证证明：

（一）众所周知的事实；

（二）自然规律及定理；

（三）根据法律规定或者已知事实和日常生活经验法则，能推定出的另一事实；

（四）已为人民法院发生法律效力的裁判所确认的事实；

（五）已为仲裁机构的生效裁决所确认的事实；

（六）已为有效公证文书所证明的事实。

前款（一）、（三）、（四）、（五）、（六）项，当事人有相反证据足以推翻的除外。

将《规定》与《专利审查指南 2010》对比可知,《专利审查指南 2010》所举两例的外延与《规定》的(1)~(3)项的外延基本相符。另外,关于"公知常识"的举证责任,在《专利审查指南 2010》中规定有:"如果申请人对审查员引用的公知常识提出异议,审查员应当能够说明理由或提供相应的证据予以证明。"❶ 即,就"公知常识"而言,"说明理由"与"提供证据"为可选项。换言之,在某些情况下无需举证证明。由于《规定》中的(1)~(6)项在通常情况下也无需举证,因此其可以被视为"公知常识"的较完整外延。虽然上述《规定》仍未给出"公知常识"这一概念的完整内涵,但相对完整的外延对于明晰该概念已经具有足够的帮助。

由《规定》可知,除了其第(2)项的自然规律及定理具有必然性之外,其余各项均存在被推翻的可能。即,上述条款中的(1)、(3)~(6)均为高度盖然性的证据。

另一方面,关于中国《专利法》第 26 条第 3 款中的"完整"的要求,在《专利审查指南 2010》中规定有:"应当指出,凡是所属技术领域的技术人员不能从现有技术中直接、唯一地得出的有关内容,均应当在说明书中描述。"❷

关于《专利法》第 26 条第 4 款中的"以说明书为依据"的要求,在《专利审查指南 2010》中规定有:"如果权利要求的概括使所属技术领域的技术人员有理由怀疑该上位概括或并列概括所包含的一种或多种下位概念或选择方式不能解决发明或者实用新型所要解决的技术问题,并达到相同的技术效果,则应当认为该权利要求没有得到说明书的支持。"❸

而关于《专利法》第 33 条中的修改内容的要求,在《专利审查指南 2010》中规定有:"原说明书和权利要求书记载的范围包括原说明书和权利要求书文字记载的内容和根据原说明书和权利要求书文字记载的内容以及说明书附图能直接地、毫无疑义地确定的内容。"❹

基于《专利审查指南 2010》的关于公开是否充分、权利要求书是否得到说明书支持、修改是否超出原始公开范围的判断标准的上述规定可知,其均采用高度必然性标准。这样,即使原始申请文件的记载内容加上未记载在说明书中的公知常识能够合理阐释审查员的疑问,也会因该"公知常识"不属于自然规律及定理,而是高度盖然性的证据,而不能达到《专利审查指南 2010》

---

❶《专利审查指南 2010》第二部分第八章第 4.10.2.2 节(4)。
❷《专利审查指南 2010》第二部分第二章第 2.1.2 节。
❸《专利审查指南 2010》第二部分第二章第 3.2.1 节。
❹《专利审查指南 2010》第二部分第八章第 5.2.1.1 节。

所规定的标准，进而存在不被接受的可能。

而且，除了上述第（2）项之外，《规定》中的（1）、（3）~（6）项均受制于经济发展水平、文化传统、行为准则、认知方式、思维习惯等因素。换言之，对于欧、美、日而言属于公知常识的因素，在中国未必能够归属于公知常识。反之亦然。

因此，在中国的审查实务中，与欧、美、日专利申请文件内容相同的中文专利申请文件有时会因为上述问题而不能获得与其在欧美日同等的权利。当申请人意图在中国取得相应的权利时，就需要进行修改。由此引出本文的下一个问题——修改时机和方式的选择。

四、修改时机和方式的选择

通常，一件发明专利申请有如下的修改时机。

如果是一件基于《巴黎公约》的申请，可以在如下几个时机提出修改文本：

（A）提出在中国申请时；

（B）提出实质审查请求的同时；

（C）收到发明专利申请进入实质审查阶段通知书之日起的3个月内；

（D）答复审查意见通知书时。

如果是一件基于PCT的申请，可以在如下几个时机提出修改文本：

（A'）提出国际申请时；

（B'）国际申请的申请人在收到国际检索报告后，依据PCT第19条修改国际申请中的权利要求；

（C'）在国际初步审查报告定稿之前，依据PCT第34条修改权利要求、说明书和附图；

（D'）在国际申请进入中国国家阶段时，依据PCT第28条/第41条修改权利要求、说明书和附图；

（E'）提出实质审查请求的同时；

（F'）收到发明专利申请进入实质审查阶段通知书之日起的3个月内；

（G'）答复审查意见通知书时。

尽管一件发明专利申请有如此多的修改机会，但是，关于其修改内容和方式，基于《巴黎公约》的申请中的（B）~（D）项修改以及基于PCT的申请中的（B'）~（G'）项修改均分别受到《专利法》第33条和《专利法实施细则》（以下简称为《细则》）第51条第3款的限制。所以，即使是在说明书中补充一些公知常识或合理性说明，在上述限制——尤其是《专利法》第33条这把"达摩克利斯之剑"的威慑下，在上述（B）~（D）项和（B'）~（G'）项所规定的时机也几乎毫无可能。然而如果不能进行这种补充说明，一旦被指出"说明书不支持"或"公开不充分"，就有可能无法在中国获得与在欧、美、日同等的权利，从而影响申请人在全球的专利战略布局。

但上述矛盾也并非全无解决之道。解决方案之一就是基于《巴黎公约》第4条（H）的规定进行修改。

《巴黎公约》第4条之（H）

不得以要求享有优先权的发明中某些构成部分没有包含在原属国申请列举的权利要求中为理由，而拒绝给予优先权，只要该申请文件的整体已经明确公开了该构成部分。❶

中国是《巴黎公约》的缔约国，根据《巴黎公约》第22条的规定❷❸，《巴黎公约》第4条不允许保留。因此，善加利用《巴黎公约》的上述规定，就为避开《专利法》33条的严厉规定提供了可能。

在《专利法》第29条和第30条中，关于优先权规定如下：

第二十九条　申请人自发明或者实用新型在外国第一次提出专利申请之日起十二个月内，或者自外观设计在外国第一次提出专利申请之日起六个月内，又在中国就相同主题提出专利申请的，依照该外国同中国签订的协议或者共同参加的国际条约，或者依照相互承认优先权的原则，可以享有优先权。

申请人自发明或者实用新型在中国第一次提出专利申请之日起十二个月内，又向国务院专利行政部门就相同主题提出专利申请的，可以享有优先权。

第三十条　申请人要求优先权的，应当在申请的时候提出书面声明，并且在三个月内提交第一次提出的专利申请文件的副本；未提出书面声明或者逾期未提交专利申请文件副本的，视为未要求优先权。

即在《专利法》中，关于外国首次发明申请在中国享有优先权的前提，

---

❶ "Priority may not be refused on the ground that certain elements of the invention for which priority is claimed do not appear among the claims formulated in the application in the country of origin, provided that the application documents as a whole specifically disclosed such elements", Article 4 (H), *Paris Convention for the Protection of Industrial Property*.

❷ "Subject to the possibilities of exceptions provided for in Article 20 (1) (b) and 28 (2), ratification or accession shall automatically entail acceptance of all the clauses and admission to all the advantages of this Act.", Article 22, *Paris Convention for the Protection of Industrial Property*.

❸ "Any country of the Union may declare in its instrument of ratification or accession that its ratification or accession shall not apply：(i) to Articles 1 to 12, or (ii) to Articles 13 to 17", Article 20 (1) (b), *Paris Convention for the Protection of Industrial Property*.

仅规定了时限、相同主题和副本这三个方面，而不要求内容的完全一致。

而在《细则》第 16 条和第 31 条中，关于优先权的规定如下：

第十六条 发明、实用新型或者外观设计专利申请的请求书应当写明下列事项：

……

（五）要求优先权的，申请人第一次提出专利申请（以下简称在先申请）的申请日、申请号以及原受理机构的名称；

……

第三十一条 申请人依照专利法第三十条的规定要求外国优先权的，申请人提交的在先申请文件副本应当经原受理机构证明。依照国务院专利行政部门与该受理机构签订的协议，国务院专利行政部门通过电子交换等途径获得在先申请文件副本的，视为申请人提交了经该受理机构证明的在先申请文件副本。要求本国优先权，申请人在请求书中写明在先申请的申请日和申请号的，视为提交了在先申请文件副本。

……

即在《细则》中，关于要求外国优先权的要件，仅规定了形式，未规定内容。

由此可见，就内容方面而言，享有优先权的前提仅仅是相同主题，没有高度必然性要求。

另外，在《专利审查指南 2010》的第一部分和第二部分中，除了与《专利法》和《细则》相同的规定之外，对"相同主题"作出了如下解释：

"初步审查中，对于在先申请是否是《巴黎公约》定义的第一次申请以及在先申请和在后申请的主题的实质内容是否相同均不予审查，除非第一次申请明显不符合《巴黎公约》的有关规定或者在先申请与在后申请的主题明显不相关。"❶

"专利法第二十九条所述的相同主题的发明或者实用新型，是指技术领域、所解决的技术问题、技术方案和预期的效果相同的发明或者实用新型。但应注意这里所谓的相同，并不意味在文字记载或者叙述方式上完全一致。

审查员应该注意，对于中国在后申请权利要求中限定的技术方案，只要已记载在外国首次申请中就可享有该首次申请的优先权，而不必要求其包含在该首次申请的权利要求书中。"❷

---

❶《专利审查指南 2010》第一部分第一章第 6.2.1.1 节。
❷《专利审查指南 2010》第二部分第三章第 4.1.2 节。

根据《专利审查指南 2010》的上述规定，对于在后中国申请权利要求中限定的技术方案，只要技术领域、技术问题、技术方案和预期的效果相同，即使文字记载或者叙述方式与在先申请不完全一致，也不会因此丧失优先权。显然，这样的规定在提供了得以消除"说明书不支持"和/或"公开不充分"的缺陷的修改机会的同时，又不会触及《专利法》33 条的中国专利审查实务的底线。

例如，某要求外国优先权的在中国申请要求保护一种茂金属催化剂，且作为茂金属列举了钛（Ti）、锆（Zr）、铪（Hf）、钒（V）、铌（Nb）、钽（Ta）、铬（Cr），但作为实施例仅举出了钛。

就该例而言，在中国审查实务中，一旦审查员提出"说明书不支持"的质疑，如果中文说明书中未明确记载上述七种金属元素能够实现同样效果的原因，即使该原因对于在先申请国的本领域技术人员确为一种常识，也有可能在审查员进一步提出"钒铌钽铬与钛并非同族元素，性质上必有差异"之类的质疑时不好解释，导致最好的结果也不过是能够争取到与钛同族的锆和铪。

针对这种情况，在提交中国申请时，在优先权文本的基础上简单补充少量解释性语句也许即有望避免上述不利情况。

另一个可资参考的例子是辉瑞药业的伟哥案。该案的无效理由之一即为"公开不充分"。而该案如此曲折的原因之一即是其中有些未被记载的内容虽不属于发明点，却可能影响技术方案的完整性。如果该案在优先权文本的基础上简单补充少量解释性语句再提交其对中国申请，也应有望避免上述不利情况。

还有一类申请是涉及数值范围的修改。一旦范围中某一点被对比文件公开，而不得不缩减范围时，经常会因为未在原始说明书中明确记载欲缩减参数的取值范围是否独立于其他参数的取值范围，导致即使这种独立性在大多数情况下是一种常识，也因不符合"直接、毫无疑义"的要件而不得不将数值范围缩减至实施例这种相对于同族外国申请相当小的程度。对此，如在优先权文本的基础上简单补充少量解释性语句，同样有望避免上述不利情况。

总之，对于化学、生物这类很容易被指"公开不充分"、"说明书不支持"、一旦修改又很容易被指出"修改超范围"的申请，利用优先权文本，在上述时机（A）、（A'）作出一些修改，将有望提高授权前景并加快授权进程。

如上所述，当在中国审查实务中因审查员对"获知"和"公知常识"的个人理解而导致申请文件被指出"权利要求书得不到说明书支持"、"公开不充分"、"修改超出原始公开范围"的缺陷时，如果基于某种公知常识作出一些概括性修改，基本上会以不符合《专利法》第33条的规定而不被接受。但是，这样的需增补内容在很多情况下仅属于中外科技文化差异导致的客观存在，如果仅是因为这些原因而非技术原因导致被迫缩减其在中国的保护范围甚至无法取得权利，将是十分令人遗憾的结果。而且，这些内容的增补实质上既不会改变技术方案本身及其主题，也不会改变其技术领域、技术问题和预期的效果。

因此，当一件基于《巴黎公约》的申请在上述时机（A）增补上述内容以填平中外科技文化差异时，既能够对申请文件作出合理的完善，增加其授权几率，又不会触及《专利法》33条的底线。同理，如果是基于PCT的国际申请，当在提出国际申请之时已经计划进入中国，也可以在上述时机（A'）参照基于《巴黎公约》的申请在上述时机（A）时的做法，作出同样的完善处理。

虽然上述内容的增补可能会导致提示给竞争对手一些额外的信息、使其有能力绕开己方专利的不利情形。但另一方面，通过上述内容的增补，能够保障己方专利布局顺利实现，且对于上述可能出现的不利情形仍然可以通过追加相关专利申请得到一定程度的弥补。这样的内容增补所导致的不利情形比之被迫缩减保护范围或者被拖入旷日持久的无效诉讼的不利情形，对于申请人/专利权人而言，或许是两害相权取其轻的更优方案。

需要说明的是，基于这种方式对在中国申请进行修改，实际上对中国的专利代理人提出了更高的要求。今后可能需要专利代理人能够更深入地了解并理解中外科技文化的差异、在有限的时间内理解发明的本质、准确捕捉确定权利边界的重要因素并提出合理的对策。对于完成这一未来有可能的任务，依然任重而道远。

如何撰写专利申请文件来对抗专利间接侵权

段登新* 李镝的* 潘明姬* 胡利鸣*

【摘　要】

　　目前，专利间接侵权已成为专利权人所面对的主要困难之一。然而，目前对抗专利间接侵权的主要手段还是侵权诉讼。本文尝试从如何撰写适当的专利申请文件的角度，来探讨专利申请人对抗间接侵权的一些手段。

【关键词】

　　专利申请文件撰写　间接侵权　权利要求

一、引　言

　　如今，专利间接侵权已经成为专利侵权人规避惩罚的重要手段。而由于间接侵权本身的复杂性以及相关法律法规的滞后，专利权人目前缺乏有效手段来对抗间接侵权。目前，应对专利间接侵权的主要策略还是着眼于专利诉讼。然而，专利诉讼虽然不是完全无效，但由于下文所解释的原因，在当前司法实践中成功难度很大。笔者认为，在撰写专利申请文件特别是权利要求时就尽量避免这一问题，才是防患于未然的最佳解决之道。

　　本文主要针对撰写专利申请文件的申请人或专利代理人，提出一些撰写权利要求的策略，以对抗专利间接侵权，更好地保护发明创造。

二、间接侵权的含义及诉讼举证时的困难

　　我国《专利法》第 11 条规定："发明和实用新型专利权被授予后，除本

*作者单位：上海专利商标事务所有限公司。

法另有规定的以外,任何单位或者个人未经专利权人许可,都不得实施其专利,即不得为生产经营目的制造、使用、许诺销售、销售、进口其专利产品,或者使用其专利方法以及使用、许诺销售、销售、进口依照该专利方法直接获得的产品。"

然而,我国在专利侵权判定中,目前主要采用全面覆盖原则,即侵权方直接实施一项权利要求的全部技术特征才构成侵权。这导致有些情况下专利权人的正当利益得不到充分的保护。为此,世界上很多国家已经将间接侵权写进专利法中。我国《专利法》目前对专利间接侵权行为仍未作出明确规定。有专家对此的解释是:"专利间接侵权问题已经落入专利权人利益和公众利益之间十分敏感的灰色区域,有关规则的制定和适用略有不当,就会损害公众自由使用现有技术的权利。"❶

在审判实践中,对于一些故意诱导、怂恿、教唆别人实施他人专利,导致直接侵权行为发生的行为,虽然不构成对他人专利权的直接侵犯,但行为人必须承担侵权责任的判决已经出现。这些判决的主要法律依据是我国《民法通则》第 130 条的规定"二人以上共同侵权造成他人损害的,应当承担连带责任"以及《最高人民法院关于贯彻执行〈中华人民共和国民法通则〉若干问题的意见(试行)》第 148 条的规定"教唆、帮助他人实施侵权行为的人,为共同侵权人,应当承担连带民事责任"。作为指导性意见,北京市高级人民法院在 2001 年 9 月 29 日发布的《专利侵权判定若干问题的意见(试行)》(以下简称《意见》)从侵权行为方式、侵权对象、主观要件、客观要件、与直接侵权的关系等方面对专利间接侵权行为的认定标准作出了较为全面的规定。❷在《意见》中,对"专利间接侵权"给出了如下的定义:间接侵权,是指行为人实施的行为并不构成直接侵犯他人专利权,但却故意诱导、怂恿、教唆别人实施他人专利,发生直接的侵权行为,行为人在主观上有诱导或唆使别人侵犯他人专利权的故意,客观上为别人直接侵权行为的发生提供了必要的条件。

尽管如此,目前在专利间接侵权的含义及适用标准等方面争议还比较大。本文为了便于讨论,将忽略这些争议,而将与专利间接侵权/共同侵权等有关的现象均视为间接侵权,并以此为基础来讨论其对权利要求撰写的影响。

根据《意见》中的指导思想,证明间接侵权可能遇到以下困难:

---

❶ 于立彪. 关于我国是否有专利间接侵权理论适用空间的探讨 [M] //国家知识产权局条法司. 专利法研究 2007. 北京:知识产权出版社,2008:431 - 432.
❷ 王迁,王凌红. 知识产权间接侵权研究 [M]. 北京:中国人民大学出版社,2008:152 - 153.

1. 需要证明间接侵权的对象是专用品

《意见》第 74 条规定:"间接侵权的对象仅限于专用品,而非共用品。这里的专用品是指仅可用于实施他人产品的关键部件,或者方法专利的中间产品,构成实施他人专利技术(产品或方法)的一部分,并无其他用途。"参考美国相关法律,构成专利间接侵权的被控侵权产品必须不具有实质性非侵权用途。❶

根据举证责任的一般分配原则,在提起间接侵权诉讼时,专利权人应当证明被控侵权人销售或提供的产品、物品"不具有实质性非侵权用途"。但是,证明这种否定性命题通常是十分困难的,举证人除了给出一种断言之外,很难进行穷尽举证。

2. 需要证明被控侵权人具有主观故意

《意见》第 76 条和第 77 条规定:"间接侵权人在主观上应当有诱导、怂恿、教唆他人直接侵犯他人专利权的故意。行为人明知别人准备实施侵犯专利权的行为,仍为其提供侵权条件的,构成间接侵权。"

在直接侵权中,被控侵权人不能以其没有故意或者不知道他人的专利权来进行抗辩,然而在间接侵权中,被控侵权人能够以其没有主观故意来进行抗辩。因此,在司法实践中,一般要求专利权人举证来证明被控侵权人知道有合法专利的存在,并且被控侵权人知道其所提供的产品或物品仅可用于实施该专利。同时,在司法实践中,专利权人可能还需要证明被控侵权人实际进行了诱导、怂恿、教唆的行为。❷

3. 一般需要证明要有直接侵权行为的发生

《意见》第 78 条规定:"间接侵权一般应以直接侵权行为的发生为前提条件,没有直接侵权行为发生的情况下,不存在间接侵权。"

从我国目前认定专利间接侵权行为的法律依据上看,间接侵权人在性质上是共同侵权人。因此,在法律认定上,间接侵权行为成立的前提应是被教唆或帮助的人实施了直接侵权行为。从我国的司法实践来看,专利权人提起侵权诉讼时,一般都把直接侵权人和间接侵权人列为共同被告。如果专利权人只对间接侵权人提起侵权诉讼的话,专利权人必须向法院提供证据,证明直接侵权的存在。

在司法实践中,直接侵权行为较容易辨别,也比较好举证。而对于专利权人而言,即使在直接侵权诉讼中能将间接侵权人列为共同被告,识别间接侵权

---

❶ 尹波兰. 专利间接侵权若干判例研究 [D]. 上海: 华东政法大学,2011.
❷ 尹新天. 专利权的保护 [M]. 2 版. 北京: 知识产权出版社,2006: 532-533.

人并对其进行举证具有一定困难，很有可能就会遗漏间接侵权人或无法对其间接侵权行为进行举证。

三、撰写权利要求时的策略

可以看出，通过诉讼来对抗间接侵权存在很大的困难。因此，笔者提供另一种思路，从权利要求撰写的角度，来尝试避免间接侵权问题。下面结合示例，提出应对专利间接侵权的一些具体撰写策略。

1. 充分利用产品权利要求

权利要求的类型一般包括产品权利要求和方法权利要求。根据《专利审查指南 2010》，产品权利要求包括人类技术生产的物（产品、设备）；而方法权利要求包括有时间过程要素的活动（方法、用途）。❶ 产品和方法权利要求的侧重点不同，两者保护范围和保护力度也有所不同。

为了更好地保护一项发明创造，有经验的专利代理人通常会既撰写方法权利要求，又撰写产品权利要求。实际上，撰写方法和产品两类权利要求，特别是产品权利要求，对于对抗间接侵权也有重要意义。请看下面的示例。❷

示例一：

一种 LED 泛光灯的制造方法，特征在于，该方法包括以下步骤：

a) 将 LED 光源安装于导热板上；

b) 将所述导热板放入制作灯具主体的模具腔体内；

c) 注入金属液到所述灯具主体的模具腔体内；以及

d) 将所述导热板嵌于所述灯具主体的内表面上且与所述灯具主体形成一体结构。

示例一是 X 公司的一项与 LED 泛光灯有关的发明创造的独立权利要求。因为发明人认为该发明创造的重点在于 LED 泛光灯的制造过程，所以只撰写了一套方法权利要求而并未撰写相应的产品权利要求。从该方法权利要求本身来看，似乎并不存在撰写方面的问题。然而，潜在的侵权人却从中发现了漏洞。有一家 M 公司，只实施了上面的方法中的步骤 a) 和 b)。然后 N 公司购买了 M 公司所制造的中间产品，并继续实施了步骤 c) 和 d)。这样，M 公司和 N 公司通过有意或无意的合作，实施了该权利要求所保护的方法。然而，因为 M 公司和 N 公司两者均没有独立实施该方法权利要求的全部特征，根据

---

❶《专利审查指南 2010》第二部分第二章第 3.1.1 节。
❷ 部分示例是由笔者为方便讨论而编造的，未必是真实案例。

全面覆盖原则，M 公司和 N 公司均没有单独直接侵犯上述权利要求所保护的专利权。而在判断 M 公司和 N 公司是否间接侵权时又存在困难。这样，X 公司的正当利益可能受到损害。

现在我们补充撰写一个对应的产品权利要求，如示例二。

示例二：

一种 LED 泛光灯，其特征在于：

作为灯具主体的模具腔体，其中所述模具腔体内注入有金属液；

导热板，置于所述模具腔体内，且所述导热板嵌于所述灯具主体的内表面上且与所述灯具主体形成一体结构；

LED 光源，安装于所述导热板上。

可以看出，如果权利要求书中还包括如上所述的产品权利要求，那么示例一中的 N 公司因为制造了包含上述权利要求中的所有特征的产品而直接侵犯了 X 公司的专利权，从而避免了上面 M 公司和 N 公司所发现的漏洞，更好地保护了该项发明创造。

一般而言，一项产品的各个组成部分可能分别由不同厂家来制造，但通常总有最后的厂家对其进行组装，实施该产品权利要求的所有特征，从而构成直接侵权。

2. 针对专利产品的关键部件撰写权利要求

那么，是不是撰写了产品权利要求就可以完全解决间接侵权问题了呢？也不尽然。请看下面的示例三。

示例三：

一种节能灯，其特征在于，所述节能灯包括：

灯座；

连接在所述灯座上的节能灯泡，所述节能灯泡包括电子镇流器和灯管部分，其中所述的电子镇流器部分和灯管部分通过紧固连接件连接，所述的紧固连接件是通过螺纹连接方式连接电子镇流器部分和灯管部分的，电子镇流器部分和灯管部分之间通过插头插座的形式构成电气连接。

示例三的权利要求所要求保护的 Y 公司的节能灯，其发明的关键点在节能灯泡上，而灯座实际上可以是现有技术中的普通灯座。其权利要求不仅包括了该节能灯的关键部件节能灯泡，还包括了非关键部件灯座。这时，潜在侵权人虽然不能通过上面示例一中的办法来规避惩罚，却可以利用该权利要求本身的撰写问题。T 公司制造了上面的权利要求中的节能灯泡，并且只出售节能灯泡。最终用户在从 T 公司购买节能灯泡之后，自行安装在灯座上，实现了节能灯。对于 T 公司而言，其并未制造或出售灯座，因此并未侵犯上述权利要求所保护的专利权。而最终用户虽然的确实现了该权利要求的所有特征，但只要不是以生产经营为目的进行实施，就不侵犯 Y 公司的专利权。即使侵权，对 Y 公司而言，对最终用户提起诉讼也可能在经济上并不是合算的，因此只好承担不应有的损失。

要解决上面的问题，只需要以如下方式改写该权利要求即可，如示例四。

示例四：

一种节能灯泡，其特征在于：所述节能灯泡包括电子镇流器和灯管部分，其中所述的电子镇流器部分和灯管部分通过紧固连接件连接，所述的紧固连接件是通过螺纹连接方式连接电子镇流器部分和灯管部分的，电子镇流器部分和灯管部分之间通过插头插座的形式构成电气连接。

这样，通过撰写只包含该发明创造的必要技术特征的关键部件，避免了因为包含非必要技术特征而带来的间接侵权风险。

当然，在有些情况下，在针对关键部件撰写权利要求的同时，也可以针对整个发明创造的整体另外撰写一套权利要求，这样做可能在后续侵权诉讼中计算赔偿数额时对专利权人更为有利。

3. 从单一实体的视角来撰写权利要求

实际上，上面的两种策略不仅对对抗间接侵权有益，而且具有其他方面的益处，已经是广为专利代理人所知晓并应用的策略。下面所要介绍的，是专门为了对抗间接侵权所设计的一种策略。请看示例五。

示例五：

一种用于协商安全通信会话的方法，包括：

（a）用户在客户机上向服务器发送请求；

（b）响应于该请求，服务器向客户机提供服务器证书，该服务器证书包括服务器的公钥；

（c）在客户机生成唯一客户机密钥，并使用服务器的公钥加密该唯一客户机密钥来传递给服务器；以及

（d）服务器使用加密算法来通信信息，该加密算法采用了所述唯一客户机密钥和所述服务器的公钥的导出物。

在以上方法权利要求中，各个步骤的实施者分别是用户、客户机、服务器。因此，在判断专利侵权时，一般不能认定单一实体的直接侵权。而这个问题又很难通过将其撰写为产品权利要求的策略来解决。

笔者认为，以上权利要求可以改写成以下形式，如示例六。

示例六：

一种用于协商安全通信会话的方法，包括：

（a）接收来自客户机的请求；

（b）响应于该请求，提供服务器证书，该服务器证书包括服务器的公钥；

（c）从客户机接收唯一客户机密钥，所述唯一客户机密钥是使用服务器的公钥加密来传递的；以及

（d）使用加密算法来通信信息，该加密算法采用了所述唯一客户机密钥和所述服务器的公钥的导出物。

这种改写方式中，各个方法步骤的操作者均为服务器这一单一实体。从而，服务器的实施者直接侵犯了该项权利要求所保护的专利权。

示例六的改写有效地针对服务器进行了保护，然而却忽视了对客户机的保护。为进一步完善对该发明创造的保护，可以补充撰写以下权利要求，如示例七。

示例七：

一种用于协商安全通信会话的方法，包括：

（a）向服务器发送请求；

（b）接收来自服务器的服务器证书，该服务器证书包括服务器的公钥；

（c）生成唯一客户机密钥，并使用服务器的公钥加密该唯一客户机密钥来传递给服务器；以及

（d）使用加密算法来通信信息，该加密算法采用了所述唯一客户机密钥和所述服务器的公钥的导出物。

这样，就从服务器、客户机两个角度对该发明进行了保护，从而增加了潜在侵权方绕过直接侵权的难度。

其他常见的例子还包括通信领域中的发送机和接收机双方之间的通信传输。

由此可见，以单一实体为中心，从此实体的角度撰写各方法步骤，例如通过将其他实体所实际执行的步骤改写为由此实体与其他实体的交互步骤等方式，方法权利要求可以容易地改写成完全由单一实体执行的操作流程。

目前，在云计算越来越普及的情况下，类似的情况越来越多。再考虑到云计算的不同实体可能位于不同国家，情况更加复杂。然而，在撰写时，把握住从单一实体的视角来撰写权利要求的原则，可以将复杂的问题简单化，最大限度地克服新技术所带来的新问题。

4. 考虑撰写功能模块构架的装置权利要求

根据我国《专利法》和审查实践，涉及计算机程序或软件的发明专利申请的权利要求可以写成一种方法权利要求，也可以写成一种产品权利要求，但明确排除了计算机程序或软件本身以及由存储的程序或指令限定的计算机可读

介质。[1]

但是，当权利要求涉及方法时，制作计算机程序或软件的任何方式，例如复制到任何硬件介质，都不是直接侵权行为。在缺少成文法或司法解释的情况下，直接使用专利方法权利要求可能必须被限制为使用计算机程序或软件。当权利要求涉及产品时，侵权行为是制造、使用、许诺销售、销售和进口该产品。对于大多数计算机程序或软件来说，这样的产品可能仅仅是通用计算机或通用系统。对于专利权人来说，不利的是在很多情况下复制计算机程序的功能但不复制相应的硬件并不被认为是制造、使用产品。

方法权利要求的实施者一般而言是最终用户，而正如前面提到的，从经济方面考虑，专利权人可能难以或者不想要对最终用户提起诉讼。而实质性地侵害了专利权人的利益的侵权者，比如计算机程序产品或介质的制造者，却可能隐藏在间接侵权的大幕后而免于惩罚。

在《专利审查指南2010》第二部分第九章中，针对涉及计算机程序的发明专利申请作了若干特殊规定，其中规定了功能模块构架的装置权利要求的撰写方式，并且对这种专制权利要求的含义进行了如下的解释：这种装置权利要求中的各组成部分应当理解为实现该程序流程各步骤或该方法各步骤所必须建立的功能模块，由这样一组功能模块限定的装置权利要求应当理解为主要通过说明书记载的计算机程序实现该解决方案的功能模块构架，而不应当理解为主要通过硬件方式实现该解决方案的实体装置。

尽管笔者尚未看到司法实践中对功能模块构架的装置权利要求的具体解释，然而根据笔者理解，这样的装置权利要求的实现应当不以与该装置权利要求完全对应一致的方法的步骤的具体实施为前提。因此，笔者认为，即便相应计算机程序的实施者是最终用户，相应的功能模块构架的装置权利要求也可以用来对抗该计算机程序的制造者。

四、有关涉及计算机程序的发明专利的相关规定的探讨

尽管在上面笔者尝试通过撰写功能模块构架的装置权利要求来在一定程度上对抗与计算机程序相关的发明专利的间接侵权，然而，在笔者看来，这样的保护对专利权人而言仍嫌不足。首先，目前对功能模块构架的装置权利要求的保护范围的解释方式仍然不够清晰。其次，功能模块构架的装置权利要求仍然无法保护实体形式的计算机程序产品和相应的计算机系统或介质。

---

[1]《专利审查指南2010》第二部分第九章。

鉴于此，从对抗间接侵权的角度来看，将计算机程序产品、相应的计算机系统及介质纳入保护，对于保护专利权人的利益是非常重要的。

为了避免将思维活动的规则和方法等也纳入专利法的保护，《专利法》的第 25 条以及第 2 条第 2 款对所申请的方案的"技术性"进行了规定。而且，当前对计算机相关方法的技术性的判断标准并不要求与计算机软件有关的方法必须与特定的硬件相关联。在申请人看来，计算机程序产品、计算机系统及介质与方法一样，是相同方案的不同的表现形式。而且，这些表现形式与传播的信号或者传播信号的介质不同，均是有形的表现形式。因此，在方法满足可专利性（满足《专利法》第 2 条第 2 款关于"技术性"的规定）的情况下，没有充分理由将相应的计算机程序产品、计算机系统和介质排除在专利法的保护范围以外。

因此，笔者建议，在时机成熟时，可以考虑将计算机程序产品和介质纳入专利法的保护，以对抗间接侵权，更好地保护专利权人的正当权益。

五、总　结

在上文中，笔者尝试从撰写专利申请文件的角度来剖析间接侵权问题，提出了对抗间接侵权所能采取的与专利申请文件撰写有关的一些手段。笔者相信，尽管间接侵权问题错综复杂，但是通过撰写合理的权利要求，结合适当的诉讼策略，可以将专利间接侵权对专利权人的损害降到最低。笔者也期待着，随着我国创新能力的提升和专利战略的改变，在立法和司法层面更加充分地针对专利间接侵权对专利权人提供保护。

背景技术并非总是做背景

布文峰* 周 勤*

【摘 要】

从几个案例出发，介绍在专利授权和确权过程中背景技术部分的内容在创造性判断和公开充分认定中所起到的关键作用，提出了对背景技术撰写的几点建议，背景技术应明确技术问题提出的背景，客观记载现有技术及现有技术中存在的技术问题，提供使发明充分公开所需要的现有技术，不记载不属于现有技术的内容，给公众和专利审查员正确的指引。

【关键词】

背景技术 申请文件撰写 创造性 公开不充分

一、说明书中背景技术部分概述

说明书是记载发明或者实用新型的法律文件，一份高质量申请文件的说明书要突出重点部分、又不拖沓冗长，这需要使说明书各部分分工明确、和谐统一。按照《专利法实施细则》第17条的规定，发明或者实用新型专利申请的说明书应当包含技术领域、背景技术、发明内容、附图说明和具体实施方式五个部分，同时规定背景技术部分应"写明对发明或者实用新型的理解、检索、审查有用的背景技术；有可能的，并引证反映这些背景技术的文件"。

从背景技术在说明书五个部分所处的位置及其分工来看，其作用是为了介绍相关技术主题的背景，帮助读者理解发明，起到上承技术领域，下启发明内容的作用。但在实践中，由于专利权人关注的重心是权利要求的保护范围，技术人员关注的重心在于发明内容、具体实施方式等涉及技术实施和运用的部分，背景技术往往被置于不被重视的地位，或者被撰写成笼统的背景介绍，或者被一笔带过。

---

* 作者单位：国家知识产权局专利局专利审查协作北京中心。

然而，在专利审查和确权程序中，撰写恰当的背景技术可以用于解释、支持权利要求或证明权利要求的可专利性，从而使背景技术的内容发挥至关重要的作用，反之，不恰当的背景技术可能成为申请人获得专利权的绊脚石。

二、案例及分析

本文从几个案例出发，从正反两面讨论撰写背景技术时应考虑的关键点，分析如何使背景技术发挥实质性作用，以及不恰当的背景技术为何会危及申请，成为获得专利权的障碍。

1. 背景技术应明确技术问题提出的背景

现有技术中存在的技术问题是发明创造的原动力，往往也能体现发明创造的创造性高度，一项专利被授权的必要条件是其解决了现有技术中某个技术领域所存的技术问题，提出了相对于现有技术而言具备新颖性及创造性的技术方案。因而，背景技术的作用就在于为技术问题的提出做好铺垫，首先描述发明创造的背景环境，而后层层剖析背景环境中存在的问题，使技术问题浮出水面，从而顺势得出下一步"发明内容"中所要解决的技术问题。

【案例1】

某发明专利申请的"背景技术"：在某些特殊功能的空气净化器产品中，需要不断使用微量的水（0.2～2毫升水/小时），对于这种需要不断使用微量的水的场合，利用微型制冷装置，将空气中的水分冷凝析出就是一个可行的办法。鉴于产生冷凝水的装置要求具有能耗小、水量微量、不能结冰、体积小等特点，利用大型的蒸发器是不能满足要求的。本发明专利申请的"发明内容"基于此需求，提出了利用微型的半导体制冷片，实现制备定量冷凝水的目的。

独立权利要求1：一种半导体冷凝水装置，包括半导体制冷片，分别贴合在半导体制冷片的冷端和热端的冷凝器件和翅片散热器，其特征在于：所述冷凝器件包括与制冷片冷端接触换热的本体和有利于冷凝水顺流至容器内的引导部件构成；所述半导体制冷片的额定功率<6W，所述半导体制冷片的长度和宽度在10～24mm范围内。

说明书的发明内容部分和具体实施方式部分的撰写与权利要求的撰写一致，均涉及一种一般的半导体冷凝水装置，没有提及其是适用于空气净化器中的特定的冷凝水产生装置。

在实质审查过程中，审查员提供了对比文件A，由于对比文件A公开了一种相似的制冷除湿用的半导体冷凝水装置，其公开了除"所述半导体制冷片的额定功率<6W，长度和宽度在10mm～24mm范围内"之外的所有特征，审

查员认为根据不同场合对除湿的要求不同，得到额定功率<6W，长度和宽度在10mm～24mm范围内的半导体制冷片的半导体冷凝水装置是本领域技术人员的基本技能。因此，本发明专利的独立权利要求要求保护的技术方案相对于上述现有技术不具备创造性。

申请人在答复上述审查意见时，将权利要求的主题名称修改为："一种为空气净化器提供用水的半导体冷凝水装置"，并在意见陈述书中充分利用了背景技术中描述的背景，指出本申请的半导体冷凝水装置是生产微量水，提供给空气净化器使用的一种微型半导体冷凝水装置，因此具有特定的功率和尺寸。对比文件A是用于制冷除湿装置上的，目的是为了除去空气中的水分，一般体积较大，现有技术中没有将制冷除湿用的半导体冷凝水装置改造以应用于空气净化器为其提供水的技术启示，更没有给出如此较小的功率和尺寸用以产生微量水的微型半导体冷凝水装置的技术启示。在本案例中，申请人结合背景技术中的记载，具体明确了发明创造所属的技术领域和所引用的具体场合，为其关于权利要求具备创造性的意见陈述提供了有说服力的理由。

2. 背景技术应客观记载现有技术中存在的技术问题

背景技术部分要客观地指出背景技术中存在的问题和缺点，并结合本申请解决的具体技术问题，以及所达到的技术效果，说明存在这些问题和缺点的原因，必要的话解释解决这些问题时曾经遇到的困难。

【案例2】

某实用新型授权的权利要求1❶为：一种皮带变速器，包括有皮带轮轮缘、心轴套、键及后挡圈，其特征在于在心轴套（3）上装有滑动块（6），轮缘（1）依次与滑动块（6）及后挡圈（4）固连成一体，轮缘（2）通过滑动键（8）使它在心轴套（3）上轴向滑动，在后挡圈（4）和轮缘（2）之间装有一压簧（7）。

无效宣告请求人以权利要求不具备创造性为由提出撤销专利权请求，具体理由为：对比文件B公开了一种可变速的皮带轮装置，并公开了权利要求的大部分技术特征，虽然在后挡圈90和轮缘30之间装有两个压簧60和62，但这一区别是本领域的公知常识。

专利权人在答辩时认为：该实用新型与对比文件B存在的区别"在后挡圈（4）和轮缘（2）之间装有一个压簧"解决了对比文件B两个弹簧工作时存在的弊端。该实用新型说明书的背景技术已经对此作了解释：采用两个弹簧进行施力很难达到压力一致，这样就会发生由于皮带两边缘受力不均匀而发生

---

❶乔清杰：从一起专利撤销案看背景技术的重要性［J］．发明与革新，2000（6）．

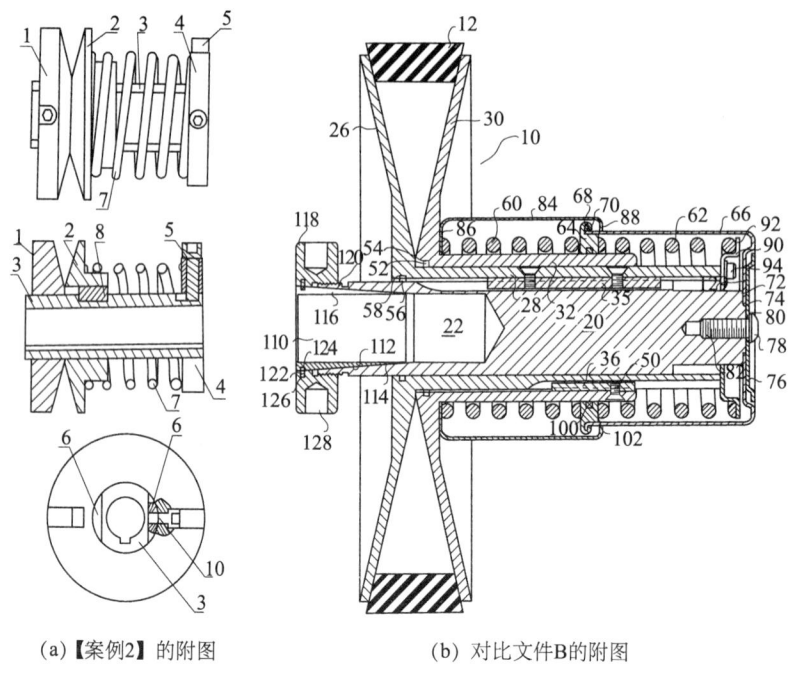

(a)【案例2】的附图　　(b) 对比文件B的附图

图1

歪斜，从而加速皮带的磨损，缩短皮带的寿命。而本实用新型的目的就是解决现有技术中存在的上述问题，使皮带不会歪斜，以延长皮带的使用寿命。为了达到上述目的，本实用新型的技术方案是采用一个压簧，把压簧两边的压力传递到皮带轮缘的两边，使施加在皮带轮缘两边的压力是相等的，这样就不会出现上述技术问题，从而大大提高了皮带的使用寿命，这正是本实用新型的创造性所在，在说明书的积极效果中也进行了说明。由于该实用新型的说明书中对背景技术的技术方案进行了客观的描述，实事求是地说明了其存在的不足，从而有针对性地提出了本实用新型的发明目的，描述了为实现该目的而采取的技术方案，以及与背景技术相比所具有的积极效果，所以，专利权人就有充分依据及准备以陈述本实用新型与请求人提供的证据相比具备创造性的理由。

3. 背景技术应客观地记载现有技术，给公众和专利审查员正确的引导

背景技术作为描述相关现有技术发展水平的载体，应正确、客观地描述现有技术的普遍情况，如果在背景技术记载了错误的技术内容，将可能相应地推导出发明或者实用新型具备公开不充分的缺陷，导致不能获得专利权的后果或者在后续程序中影响专利权的稳定性。

【案例3】

背景技术：现有的注塑表面装饰是采用在厚度为 0.075~0.188 毫米的聚对苯二甲酸乙二醇酯（PET）光栅上印刷图案，现有技术中的 PET 光栅一般为 60~100 线/英寸，密度相对较低，因此印刷得到的图案比较粗糙，用户手触及 PET 光栅时也有明显的凹凸感，影响了用户体验；当现有技术中的 PET 光栅的密度提高至 100 线/英寸以上时，其厚度则会大大增加，可能会超过 0.3 毫米，此时再进行注塑，则会大大降低 PET 光栅与塑胶之间的附着力，容易导致脱落。

本发明专利申请独立权利要求 1 相对于最接近的现有技术的区别特征就在于：光栅为密度为 160~300 线/英寸、厚度为 0.12~0.2 毫米的 PET 光栅。申请人由此认为其发明相对于现有技术具备突出的实质性特点和显著的进步。

从表面上来看，上述背景技术并不存在撰写不当的问题，其内在逻辑为：现有技术中当 PET 光栅的密度提高至 100 线/英寸以上时，其厚度则会大大增加，超过 0.3 毫米，注塑后容易导致脱落，本发明克服了这一技术问题，提供了一种在不仅具有高密度还具有小厚度的 PET 光栅。然而从技术角度分析发现，既然现有技术不存在高密度和小厚度的 PET 光栅，那么这个高密度和小厚度的 PET 光栅的制造工艺或者设计要点应该是本发明的创新点，需要充分公开制造上述 PET 光栅的技术手段或者给出获得该 PET 光栅的途径。但是说明书并未给出使所属技术领域的技术人员能够制造上述高密度和小厚度的 PET 光栅的技术手段或者获得该 PET 光栅的途径，本技术领域的技术人员根据说明书中的记载不能实现该发明的技术方案。因此，在实质审查过程中审查员根据背景技术对现有技术 PET 光栅的厚度和密度的关系，质疑说明书不满足充分公开的要求。

在答复审查意见通知书时，申请人更正了其观念："PET 光栅的每英寸线数越高，则该 PET 光栅的厚度越薄，现有的 100 线/英寸的光栅厚度一般在 0.4 毫米左右，161 线/英寸的光栅厚度一般在 0.3 毫米左右，200 线/英寸的光栅厚度一般在 0.2 毫米左右"，并提交了证据材料：某公司生产的 200LPI 光栅片材，该片材每英寸实际线数为 200.79 线，该片材厚度为 0.18 毫米，证明现有技术中完全存在诸如本申请权利要求 1 中所描述的"密度为 160~300 线/英寸，所述 PET 光栅的厚度为 0.12~0.2 毫米"的 PET 光栅。

根据申请人的意见陈述和提供的证据材料可以发现，上述关于光栅密度和厚度的限定也属于现有技术，既然 PET 光栅的密度越高得到的图像越光滑，厚度越大，附着力越小，则本领域技术人员自然容易想到选择高密度同时具有小厚度的 PET 光栅，因此，在最接近的现有技术的基础上结合本领域技术人员的基本认知得到权利要求 1 的技术方案是显而易见的。

从【案例 3】来看，该背景技术的撰写是有瑕疵的，原始描写导致申请文件没有充分公开，在修正这一问题时导致权利要求不具备创造性，这种撰写方式不仅引导审查员发出公开不充分的意见，延长了审查程序，且对于创造性的争辩未起到任何有益作用。

4. 背景技术应尽量提供使发明充分公开所需要的现有技术

背景技术在某些情况下是确定发明是否清楚、完整公开的重要因素。一项发明总是在一定的现有技术的基础上作出的，而申请人通常又不可能在说明书中将所涉及的全部现有技术都详细地描述。因此，当申请人对相关技术的理解程度远高于本领域普通技术人员，则可能由于忽略了对于相关现有技术的描述和引证，从而导致发明申请是否清楚、完整地公开的质疑。在实践还发现，由于申请人长期从事某一领域某一方面的研究，而对相关技术了解深刻，但审查员限于其技术背景及检索条件，在现实中要完美扮演"本领域普通技术人员"的角色尚有难度，因而申请人充分利用背景技术可以避免程序上的延长。

【案例 4】

本申请涉及一种"土豆淀粉制备大环糊精的方法"，其"背景技术"仅仅描述了大环糊精的作用、用途和经济价值，未介绍现有技术中土豆淀粉制备大环糊精的工艺及存在的缺点。而根据说明书的记载，本申请的制备过程中使用了一种关键性的酶：耐高温 75℃ 的 4 - α - 糖基转移酶。

审查员经过检索均未发现现有技术中存在耐高温 75℃ 的 4 - α - 糖基转移酶（现有技术中普遍存在的是耐低温的 4 - α - 糖基转移酶），因此发出了说明书公开不充分的审查意见通知书。申请人在回复意见通知书时附交了一份证明材料 "' Structural modification and characterization of potato starch treated by Thermus aquaticus 4 - a - glucanotransferase', Cho K. H. 等，《Food Hydrocolloids》，2009，23：2403 - 2409"，证实了耐高温 75℃ 的 4 - α - 糖基转移酶的存在性，且本申请的制备方法正是在该文献的基础上进行的改进，由于这篇文献未被 ELSEVIER 等数据库全文收录，存在一定的获知难度，从而影响了审查员对于现有技术的判断。可见，对于这类与发明的技术方案密切相关且可能影响发明内容公开充分的背景文献写入背景技术中对于申请人是有益无害的。

5. 背景技术不应记载不属于现有技术的内容

背景技术中记载的技术内容通常情况下是由申请人通过在申请日前已经公开的文件中获得或者根据其自身对行业状况的了解而获得，但也存在少数特殊的情况，即背景技术记载的内容未在申请日前公开，例如属于申请人知晓但在申请日前没有公开的技术。由于在发明专利实质审查过程中，背景技术的内容往往容易被怀疑为现有技术，因此将上述未在申请日前公开的内容写入背景技术中，无异于提高了现有技术的水平，从而缩小了现有技术与发明申请之间的差距，这对发明申请的创造性判断是不利的。

例如【案例5】，美国审查员采用申请人承认的现有技术（applicant's admitted prior art）作为最接近的现有技术而驳回了发明。

【案例5】

申请人在"背景技术"中记载：现有的酸化钻井技术中，喷酸探头仅有一个关节155可以转动（参见图2（a）），因此可转动的角度和范围受到限制。进而提出了一种具有两个可转关节155、156的喷酸探头（参见图2（b））。

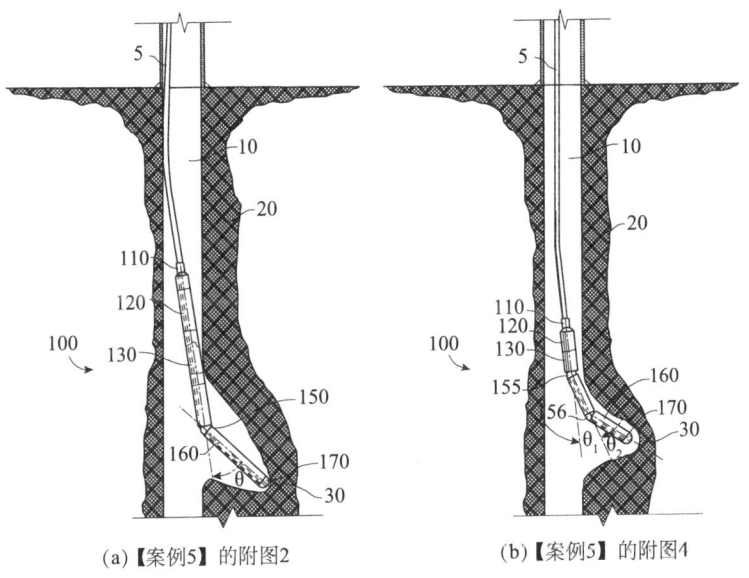

(a)【案例5】的附图2　　　　　(b)【案例5】的附图4

图2

美国审查员以图2（a）所示的现有技术作为最接近的现有技术并结合具有多个关节的另一篇对比文件C评述了本申请不具备创造性，并最终驳回了本申请。然而在该案的中国同族审查过程中，审查员在检索时发现，"背景技术"中的内容实际上是申请人在申请日前提交的专利申请文件但未在申请日前公开的技术，因此没有将该背景技术视为现有技术。

虽然我国的《专利法》《专利法实施细则》和《专利审查指南2010》均没有明确规定背景技术就是现有技术，但在发明专利实质审查过程中，背景技术的内容往往影响审查员对创造性评价中对公知常识的认定以及对其技术效果是否为预料不到的认定，容易被质疑为现有技术，❶ 在某些国家的审查实践中也存在上述的做法，因此申请人在撰写背景技术时应当注意避免。

另外，申请人撰写背景技术是在获得发明内容后从申请日前的现有技术选择出最接近的现有技术，通常情况下会根据自己的理解表述现有技术，甚至还会反过来影响对现有技术的认知，无意中提高了心目中的现有技术的水平，在原始权利要求书中撰写的权利要求的保护范围较小，而在后续程序中答复审查意见时受到限制而丧失了扩大保护范围的机会，这对自己也是不利的。

三、小 结

从【案例1】和【案例2】可以看出，撰写恰当的背景技术不仅仅停留在介绍背景技术的概况和发明中所涉及的基本概念，而且应进一步地剖析背景技术中存在的问题和缺点，阐明存在这种问题和缺点的原因以及解决这些问题时曾经遇到的困难，从而明确本申请的技术方案与背景技术之间的差距，使审查员和公众充分认识到跨越该差距所存在的难度，进而为本申请的技术方案搭建了良好的创造性高度的平台。

从【案例3】可以看出，背景技术的描述不当不仅会误导公众和专利审查员，不利于对发明的理解，还可能进一步危及整个专利申请文件，导致公开不充分或者不具备创造性的缺陷。从【案例4】和【案例5】可以看出，背景技术对其记载的内容的选择不当，会误导公众和专利审查员得出不利于申请人的初步结论，无意中延长了审查程序，带来不必要的损失，不利于申请人快速地获得专利权。撰写不当的原因之一是由于申请人无力或无心判断其是否为现有技术，从而选择了避而不谈，这与申请人没有充分检索，对现有技术认识不够，对说明书中的背景技术部分的作用重视程度不足有关。原因之二是申请人故意不提供反映背景技术的引证文件，甚至给出错误的引导，以期避免专利审查员对创造性的评价不高的情况，这与申请人侥幸心理有关，认为审查员有可能检索不到有关最接近的现有技术的文件从而得出具备创造性的结论。然而这两种做法都是不可取的，撰写得当的背景技术可以使一份专利在授权程序中起死回生，在确权时铿锵有力，撰写不当的背景技术可以在授权程序中使程序延长，在无效程序中无力反击。

综合上述案例，本文给出以下几点关于背景技术撰写的建议：（1）背景

---

❶ 喻学兵. 考虑创造性审查实践的说明书背景技术部分的撰写 [EB/OL]. [2012-07-17]. http://www.iseeip.com/news/News-1246.html.

技术应当尽可能正确地描述背景技术的现状，客观指出背景技术中存在的问题和缺点，将现有技术和其发明创造作出的贡献划分明确的界限。（2）背景技术应充分公开本领域技术人员为了实现发明的技术方案所需的背景知识，在审查过程中为克服"偶然占先"和"公开不充分"的问题时力挽狂澜。（3）在背景技术的撰写中不能为了突出专利技术具备实质性特点和显著进步，而提出与现有技术相违背的所谓现有技术，导致申请文件内部存在不可调和的矛盾。（4）对于与发明内容分离不开，且不能明确是否为现有技术的内容，建议将其放在具体实施方式部分对专利相关技术的描述中，使其既不会被盲目地确定为现有技术，同时也满足了说明书充分公开的需要。

第二部分

机电领域高质量的
专利申请文件

如何撰写高质量发明专利申请文件

姚李英* 张 昱* 原绍辉* 汲长志*

【摘 要】

本文着重讨论在撰写高质量专利申请文件时应当着重考虑《专利法》第22条、《专利法》第26条第3款、《专利法》第26条第4款、《专利法实施细则》第20条第2款的规定，避免"捐献"的情况出现，同时处理好公开充分和Know-how的关系。此外，在实质审查阶段和后期法律程序阶段时需要避免对权利要求作过多的限制，从而在侵权阶段避免出现因禁止反悔原则而不适用等同原则，以致产生不利于专利权人的情况。

【关键词】

发明 撰写 质量 查新检索 等同限制

一、引 言

《专利法》中所涉及的发明创造包括发明、实用新型和外观设计。针对不同类型的发明创造，其专利申请文件质量高低评价标准也有所不同。纵观世界上其他发达国家，其专利保护的力度主要集中在发明专利上。在我国强调产业升级，创新兴国的当前形式下（有机会引起技术复杂程度的提高），在我国发布知识产权战略的大环境下，在我国企业逐渐具有一定的市场竞争力，具有一定的知识产权保护意识并且积极投入到申请发明专利申请的背景下，这就对我国专业从事知识产权工作的专利代理人提出了越来越高的要求，无论是国家知识产权局出于全局战略的考虑，还是企业出于保护自身利益的考虑，这些外因都促使我国的专利代理人成为一个懂技术、懂法律且具有良好职业道德素质的专业人士，从而为我国企业撰写出高质量专利申请文件，继而无论是在审查阶段还是在后期专利权运用等阶段都能够为我国的企业提供更加完善的保护。为

---

* 作者单位：中国专利代理（香港）有限公司。

此,本文着重讨论如何撰写高质量的发明专利申请文件。

二、高质量发明专利申请文件应当满足的条件

高质量发明专利申请文件至少应当经得起申请阶段、后期法律程序阶段（主要指无效宣告和行政诉讼）以及侵权阶段的严峻考验。换言之，高质量发明专利申请文件至少应当满足以下两个标准：（1）必须经得起实质审查和后期法律程序的挑战；（2）必须能够充分保护专利权人的权益，例如能防止竞争对手过于容易地规避专利权人的发明专利。

对于申请阶段和后期法律程序，高质量发明专利申请文件必须满足《专利法》第2条、《专利法》第5条、《专利法》第9条、《专利法》第20条、《专利法》第25条、《专利法》第22条、《专利法》第26条第3款、《专利法》第26条第4款、《专利法》第31条、《专利法实施细则》第20条第2款、《专利法》第33条以及《专利法实施细则》第43条的要求。对于这些法律条款而言，本文着重讨论《专利法》第22条、《专利法》第26条第3款、《专利法》第26条第4款、《专利法实施细则》第20条第2款（本文中着重讨论的法律条款之外的法律条款称为"其他法律条款"）。换言之，专利代理人在拿到技术交底书后撰写专利申请文件时，应当根据以下步骤处理发明专利：（1）在初步了解技术方案的基础上，首先判断出发明专利是否满足其他法律条款；（2）在满足其他法律条款时，接着应当判断发明专利是否满足《专利法》第22条的规定，具体而言，专利代理人应当通过查新检索的方式，判断所要撰写的发明专利是否具有专利性；（3）在具有专利性时，开始撰写说明书并且在整个撰写说明书的过程中保持术语清楚简要前后一致并且说明书应当满足公开充分（《专利法》第26条第3款）的要求；（4）结合技术问题仔细斟酌那些是必要技术特征（《专利法实施细则》第20条第2款），从而合理确定权利要求的布局并使得其得到说明书的支持（《专利法》第26条第4款）。再有，专利代理人在实质审查阶段以及后期法律程序阶段要防止对权利要求进行非必要的限制，从而使得在后期侵权时因禁止反悔原则而难以适用等同原则。

在侵权阶段，一般会将被控侵权产品（或方法）拆分成功能上独立的若干部件（或步骤）再将其与发明专利的相应权利要求进行比对，❶从而根据2009年发布的《最高人民法院关于审理侵犯专利权纠纷案件应用法律若干问

---

❶尹新天. 专利权的保护 [M]. 2版. 北京：知识产权出版社, 2006：369-374.

题的解释》（以下简称《高院解释》）中的第 7 条规定的全面覆盖原则、第 6 条禁止反悔原则以及第 5 条捐献原则来判断被控侵权产品（或方法）是否侵权。因而，为防止竞争对手规避，在撰写申请文件时，在满足单一性的前提下，撰写多组独立权利要求，从不同的角度描述发明专利，使得竞争对手难以通过改变或非等同替换或者减少特征来规避本发明专利。此外，由于侵权阶段是判断被控侵权产品（或方法）是否落入专利权人的发明专利的权利要求的保护范围，因而，在撰写申请文件时，最好合理地布置不同层次的权利要求，以使之与被控侵权产品（或方法）相对应。笔者将在下文通过举例来进行深入的说明。

三、高质量发明专利申请文件撰写宗旨

高质量发明专利申请文件撰写过程应当遵从至少两个宗旨：（1）抓住纵向线索（撰写说明书时），即从技术问题出发，描述解决技术问题的技术方案并描述技术方案所取得的技术效果。具体而言是，通过查新检索对发明专利的发明高度做到心中有数，客观地评价发明专利的专利性。在背景技术中接合检索到的现有技术，描述现有技术的缺陷，在发明内容部分描述本发明专利所要解决的技术问题，在具体实施例部分通过不同的侧面来采用上位概念描述发明专利的各个部件（或步骤）以及它们之间的连接关系（或先后顺序），随后给出各个部件（或步骤）的具体实施方式、替换方式以及优选方式，进而描述发明专利的工作原理，最后列举出发明专利所取得的技术效果，最好以上下位的概念分别描述发明专利取得的技术效果。特别需要指出的是，如果需要通过试验数据来证明发明专利取得的技术效果，则需要提供相应的试验数据以满足公开充分的要求（这将在下文中特别举例说明）。此外，在列举发明专利所取得的技术效果时，最好能描述技术方案（技术特征）与技术效果之间的逻辑关系，方便答复审查意见，有利于早日授权。（2）抓住横向线索（撰写权利要求时），即基于查新检索的结论，找到本发明专利相对于现有技术的区别技术特征并且接合所要解决的技术问题，对权利要求进行合理布局，设置不同层次的不同保护范围的权利要求，以更充分地保护专利申请人/专利权人的权益。

四、高质量发明专利申请文件撰写步骤

在撰写高质量发明专利申请文件应当考虑以下步骤：
（1）第一步骤，理解发明专利。具体而言，理解发明专利是指专利代理

人根据发明人提供的技术交底书初步理解发明专利；其次在通过查新检索具有专利性的前提下，专利代理人还可以借助于查新检索到的现有技术来进一步理解发明专利；再有，基于技术交底书和查新检索到的现有技术，根据情况采取电话、电邮以及现场等沟通方式与发明人初步沟通，以便完整理解并深入挖掘发明专利，从而初步撰写说明书的技术领域、背景技术和具体实施方式部分的内容。

（2）第二步骤，拓展发明专利。具体而言，由于专利代理人通过第一步骤理解了发明专利，故专利代理人可以根据情况采取电话、电邮以及现场等沟通方式与发明人进行进一步的深入沟通，就发明针对所要解决的技术问题而采取的技术方案提供多个实施例，从而拓展发明专利，为寻求适当的保护范围进行铺垫；此外，专利代理人根据查新检索到的现有技术也可拓展发明专利，但是由于专利代理人并非本领域技术专家，故专利代理人拓展发明专利时可能存在过度拓展的情形，因而建议专利代理人拓展发明专利时最好通过书面方式征得发明人的同意。在充分拓展发明专利的基础上，专利代理人可以进一步丰富发明专利，形成说明书的最终提交文本。

（3）第三步骤，概括权利要求、发明内容以及摘要。具体而言，基于所要解决的技术问题和说明书具体实施方式部分的描述，建议采用功能性和上下位概念的方式描述权利要求并采用倒金字塔的方式对权利要求进行布局。即，建议采用给出装置、装置的各个部件的前提下，进而描述各个部件之间的连接关系和装置的运行方式。在撰写好权利要求后，将其整体加入到说明书的发明内容部分，并将技术问题和技术效果也加入到说明书的发明内容部分的适当位置。最后撰写摘要，在撰写摘要时不仅要满足《专利法》规定的要求而且要尽量避免容易被竞争对手通过监控检索而检索到。

五、高质量专利申请文件撰写举例

本部分通过举例方式对如何撰写高质量专利申请文件所要满足的条件、宗旨和步骤进行具体阐释。

（一）关于撰写步骤和宗旨

以申请号为 201010148042.1 的专利❶为例，笔者在撰写初期收到了客户发送过来的技术交底书，提供了如下所示的图 1 和图 2 并对图 1 和图 2 进行了简

---

❶ 该专利的名称为"开发过程中使用的抗扭拉杆"，公告日为 2013 年 3 月 20 日。

要的描述。图 1 为现有技术，图 2 为本案。通过初步分析，发现如图 1 所示的与本案相关的现有技术涉及一种车辆开发过程中使用的抗扭拉杆，抗扭拉杆包括主簧 1′、限位块 2′、衬套外圈 3′以及支架 4′。主簧 1′和限位块 2′一般以硫化的形式固定在衬套外圈 3′上，它们之间的距离就是要求的间隙。固定有主簧 1′和限位块 2′的衬套外圈 3′随后被固定于支架 4′上，抗扭拉杆可通过支架 4′安装到车辆上。

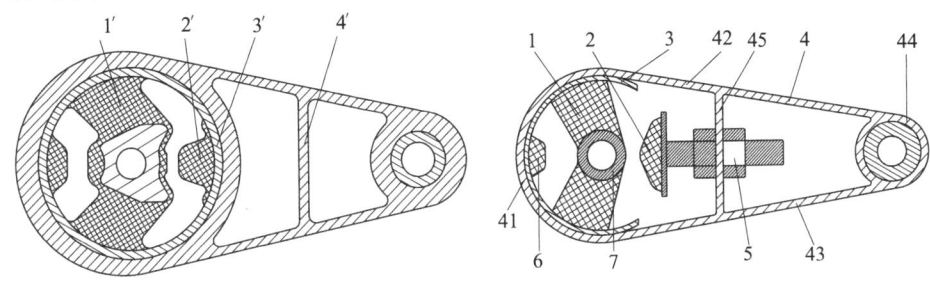

图 1　现有技术的抗扭拉杆示意图　　　图 2　本案的抗扭拉杆示意图

如图 2 所示的本案的抗扭拉杆包括主簧 1、限位块 2、衬套外圈 3、固定装置 5、支架 4 以及橡胶凸块 6。通过将本案与查新检索到的文献和技术交底书中提及的现有技术比较，笔者发现本案相对于查新检索到的文献和技术交底书中提及现有技术所要解决的技术问题在于：提供可更换的不同刚度的橡胶主簧和可调节间隙的抗扭拉杆。本案相对于检索到的文献和技术交底书中提及现有技术的区别在于：（1）带缺口的衬套外圈 3 可拆卸地固定到支架 4 上；（2）限位块 2 是可调节的并通过固定装置 5 安装在支架 4 的纵向杆 45 上；（3）开发过程使用时，首先主簧 1 硫化在衬套外圈 3 上，然后将所述衬套外圈可拆卸地安装到所述支架的第一端部 41 上，接着通过调节固定装置 5 来改变所述限位块 2 的顶端到主簧 1 的间隙。本案的技术效果在于"由于可更换不同刚度的橡胶主簧且抗扭拉杆具有可调节间隙，试制零件数减少，大大节约了开发成本，缩短了试制时间"。此外，笔者还列出了多个其他技术效果（请参考申请号为 201010148042.1 的专利的公告文本），以便为本案实质审查阶段答复审查意见提供充分的争辩理由。在此基础上笔者撰写了初稿。

此外，由于当将本案的抗扭拉杆安装到车辆上测试时，主簧 1 会与橡胶凸块 6 和限位块 2 的顶端作用，以产生出不同的工作曲线。在将初稿发送给客户的同时，笔者提出希望客户提供<u>限位块替换方式</u>、<u>主簧的替换方式以及抗扭拉杆工作原理图</u>。客户在收到笔者提供的初稿后，迅速补充了限位块替换方式（如图 3 所示）、主簧的替换方式（如图 4 所示）以及抗扭拉杆工作原理图

（如图 5 所示）。为此，笔者进一步拓展了本案（在整个撰写过程中用语前后一致清楚，请参考申请号为 201010148042.1 的专利的公告文本）。具体而言，限位块包括顶端 20 和与该端部接合本体 25，本体 25 包括底部 251 和从该底部 251 向外延伸的圆柱形的柄部 252。限位块的顶部可以为半圆形、梯形以及圆锥形等。主簧 1 如图 4 所示可以为 V 形、X 形或者双 V 形等。抗扭拉杆工作原理如图 5 所示，图 5 中 X 轴表示限位块 2 的顶端 20 相对于主簧 1 的位移，Y 轴表示主簧 1 在不同位移下的刚度。在主簧 1 与限位块 2 接触前，刚度呈线性，且刚度较低。接触后（称为软拐点），刚度呈非线性上升，当限位块完全变形后（称为硬拐点），刚度急剧上升。因而，如果调节主簧 1 与限位块 2 的间隙大小，软拐点和硬拐点对应的位移就可以变化，这样就明显改变了相同动力总成位移下对应的刚度。同时指出，主簧 1 与橡胶凸块 6 之间的作用原理与主簧 1 与限位块 2 之间的作用原理类似。通过上述拓展描述，笔者认为已经充分地揭示了本案。

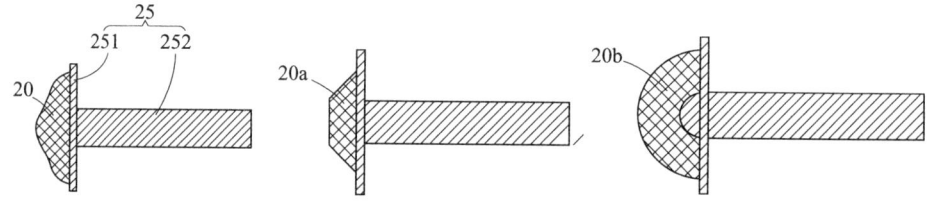

图 3　本案的限位块的多种变体

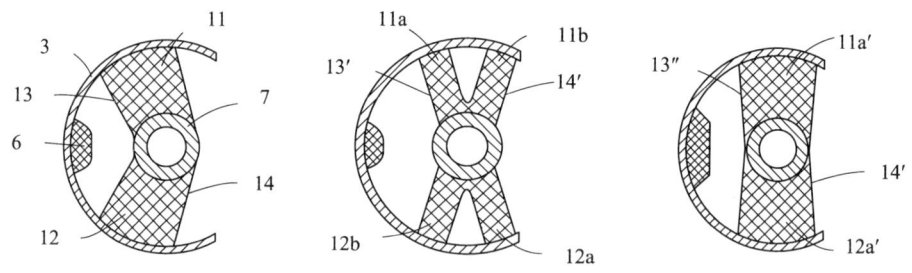

图 4　本案的主簧的多种变体

在笔者拓展本案的前提下，笔者撰写了本案的说明书的拓展稿，并且据此概括出了权利要求、发明内容以及摘要。对于权利要求 1 而言，考虑到查新检索到的现有技术（横向线索），笔者将技术特征"开发过程使用时首先将所述主簧硫化在所述衬套外圈上，然后将所述衬套外圈可拆卸地安装到所述支架的第一端部；使用时通过调节所述固定装置来改变所述限位块到主簧的间隙"作为其区别技术特征并在从属权利要求中对限位块和主簧等均作了进一步限

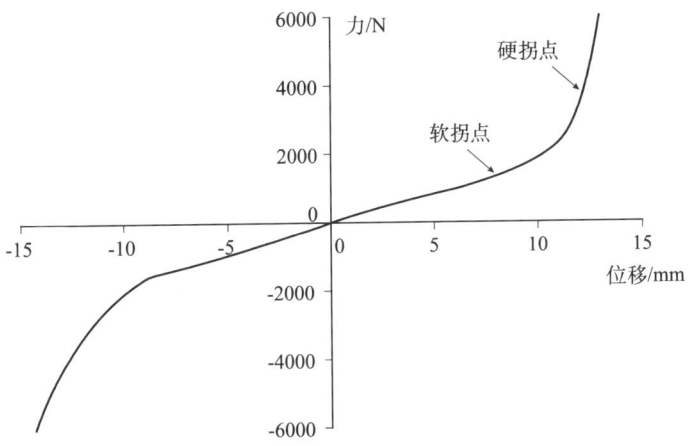

图 5　本案的抗扭拉杆的工作原理图

定,其中对限位块的限定如下"所述限位块包括顶端和与所述顶端接合的本体,其中所述本体包括底部和从所述底部向外延伸的柄部,所述柄部通过所述固定装置可调节地安装到所述纵向杆上(权利要求 3)"。

在审查员发出的第一次审查意见通知书中,审查员引用了与本案查新检索中检索到的类似的文献 D1 和 D2(JP2006 - 220172A 和 CN1845833)来评述本案的权利要求 1 的专利性,但是审查员认为 D1 和 D2 没有揭示权利要求 3 中的技术特征。笔者在答复第一次审查意见通知书时,将权利要求 3 并入到了权利要求 1 中并提出了充分的争辩意见,该案件在一通后授予专利权。

(二) 关于公开充分

本节借申请号为 200880116564.4 于 2010 年 10 月 13 日公告的名称为"具有与流体清除控制相关的应用的电控制的流体耦合装置"的专利申请案件进一步说明在撰写专利申请文件时,对于公开充分(《专利法》第 26 条第 3 款)应当特别注意的方面。本案中公开一种流体耦合装置 10(如图 6 所示),包括盖板构件 30、轴承构件 32、转子构件 34、电枢构件 36、储存器板构件 38 以及本体构件 40。围绕转子构件 34 并且由盖件 30 以及本体构件 40 界定的空间体积限定了一个流体储存器 70,其中提供了一定量的粘性流体。盖构件 30 和储存器板 38 限定了一个流体室 72。转子构件 34 的径向在外的部分与本体构件 40 之间的空间体积定义了用于该粘性风扇驱动器的流体工作室 74。包含在工作室 74 内的粘性流体的量、连同被连接到皮带轮构件 16 上的盖件和本体构件的旋转速度确定了传递到转子构件 34 上的扭矩。<u>然而说明书没有明确地描述在流体耦合装置运行期间,粘性流体是如何在流体储存器 70、流体工作室 74 以及流体室 72 之间流动的,</u>从而使得本领域技术人员不明白在其他条件不变的情况下如何通过改变工作室 74 内的粘性流体的量从而改变流体耦合装置的输出功率。故在实质审查期间被审查员指出了公开不充分的问题。

通过该案件，笔者认为在撰写专利申请文件时，不仅要描述各个部件（或步骤）、部件（或步骤）之间的连接关系（或先后顺序），还应当符合逻辑性地描述各个部件的相互作用，从而描述装置（或方法）的操作原理，以避免此类公开不充分的问题。此外，在撰写专利申请文件期间，还需要专利代理人与企业专利人员和发明人共同协商，处理好公开充分和 Know – how 的关系。

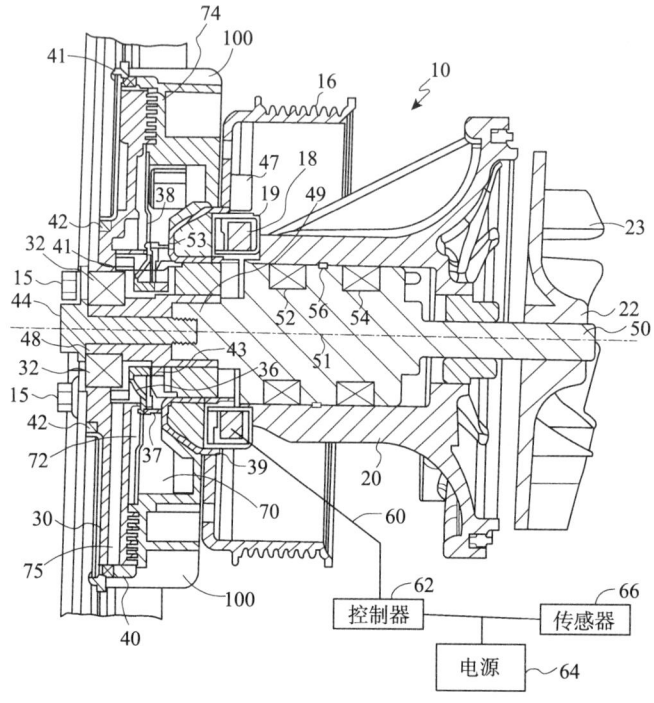

图 6　案例 2 的流体耦合装置的截面图

（三）关于捐献原则和禁止反悔原则

后期侵权过程中，由于判定技术特征等同时会受到禁止反悔原则和捐献原则的限制。因而专利代理人在撰写和实质审查过程中应当避免此类情况的发生。

例如，对于捐献原则而言❶，如果权利要求 1 请求保护一种刨土轮……轮上装有 4 个刀片……而说明书中记载有本专利的刨土轮，除了 4 个刀片之外，

---

❶ 专利复审委员会机械申诉处．机械领域专利侵权案例分析［EB/OL］．［访问日期不详］http：//wenku．baidu．com/view/ffee697a27284b73f24250cb．html．

还可以装有6个、8个或者10个刀片。如果被诉侵权产品为：轮上装有6个刀片。而权利人主张6个刀片与4个刀片等同，则根据《高院解释》，权利人的上述主张不成立。笔者仅列举了一个简单的案例，来解释捐献原则对专利申请文件的影响。在撰写专利申请文件时，专利代理人要避免疏忽而仅将客户特别想要保护的方案记载在说明书中而没有写入权利要求中的情况。

例如，对于禁止反悔原则❶❷，将参照（2009）民审字第239号"汽车地桩锁"案件进行说明。涉案专利的权利要求1为："1. 一种汽车地桩锁，其特征在于，它由底座（1）、芯轴（2）、活动桩（3）和锁具（4）构成，所述底座（1）固定在地面上，所述活动桩（3）通过芯轴（2）与座（1）向连，活动桩设有锁具（4）插入的孔。"

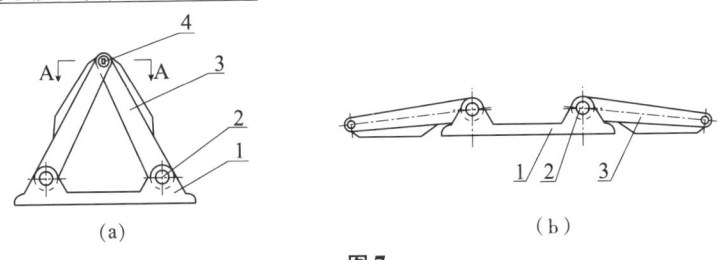

图 7

图7a和7b为涉案专利的两只活动桩升起和降落后的正视图

被控侵权产品："一种汽车地桩锁，由底座、芯轴、活动桩和锁具组成，底座固定在地面上，锁具固定安装在底座右端的孔中。左右活动桩一端可活动地连接在一起，右活动杆的另一端设有供锁舌插入的孔。当锁具锁定时，锁舌插入右活动桩的孔中，左右活动杆呈'（'形被锁定在底座上。左活动杆的杆体上还设有凹槽，转动右活动杆可将右活动杆完全收纳在该槽中，此时左右活动杆整体呈一字形结构，可以芯轴为中心在底座上转动。"

表1 被控侵权产品与涉案专利特征对比

涉案专利权利要求1	被控侵权产品
底座	底座
芯轴	芯轴
锁具	锁具
活动桩	左右两根活动杆

---

❶专利复审委员会机械申诉处. 机械领域专利侵权案例分析［EB/OL］.［访问日期不详］http：//wenku. baidu. com/view/ffee697a27284b73f24250cb. html.

❷参见申请号为CN00263355.8，名称为"汽车桩锁"，公告日为2000年12月18日的专利。

续表

涉案专利权利要求 1	被控侵权产品
活动桩设有供锁具插入的孔	右活动杆的另一端设有供锁舌插入的孔

焦点问题：被控侵权产品是否具有与涉案专利权利要求 1 中的"活动桩设有供锁具插入的孔"这一特征相同或等同的技术特征

专利权人在无效宣告及行政诉讼程序中进行了意见陈述：权利要求 1 中记载的"活动桩设有供锁具插入的孔"的含义是，锁具不是永久固定在孔中，而是根据使用状态呈现两种连接关系，即锁定时位于活动桩的空中，打开时从孔中取出，与活动桩分离

第 8127 号无效宣告请求审查决定：在锁闭地桩锁时，权利要求 1 的活动桩上所设置的孔可提供将锁具整体地插入以达到锁闭地桩锁的目的，开启地桩锁时，可将锁具全部取出，地桩锁无需设置附加的固定装置来固定锁具，因而具有实质性特征和进步，本领域技术人员在现有技术的基础上不能获得权利要求 1 所述的汽车地桩锁，因此权利要求 1 相对于附件 1 和附件 2 具有创造性

侵权诉讼的一审法院认为：专利权人在相应程序中陈述，权利要求 1 中记载的"活动桩设有供锁具插入的孔"的含义进行了如上所述的解释，侵权诉讼的一审法院认为：被控侵权产品的锁具是固定在底座上，在锁具锁定时锁舌插入"("形杆上的孔中，使得右杆与底座相连，故被控侵权产品的该技术特征与"活动桩设有供锁具插入的孔"是不相同

根据禁止反悔原则，专利权人不能以等同为由主张侵权成立。由于上述特征不相同也不等同，故被控侵权产品未落入涉案专利的保护范围内

二审维持一审判决，专利权人不服申请再审。请求再审的理由：本案被控侵权产品与涉案专利的必要技术特征完全相同，属于相同侵权而不是等同侵权，二审法院适用禁止反悔的原则缺乏法律依据

最高人民法院支持了无效宣告决定、一审和二审的判决，认为被控侵权产品的技术特征"右活动杆的另一端设有供锁舌插入的孔"与涉案专利权利要求 1 中的技术特征"活动桩设有供锁具插入的孔"不相同或等同。同时，最高人民法院还指出为了维持专利权人与被控侵权人以及社会公众之间的利益平衡，在认定是否构成等同侵权时，人民法院可以根据查明的事实，通过禁止反悔原则对等同原则进行限制

通过上述案件的举例，笔者认为通过查新检索评述专利申请案件的专利性、撰写说明书时保证清楚简要、公开充分并具有足够多的替换方式、基于查新检索结果对权利要求合理布局使得其能够得到说明书的支持且符合《专利法实施细则》第 20 条第 2 款的规定以及考虑到捐献原则和禁止反悔原则确保将客户保护的方案写入到权利要求中，有利于更顺利地通过实质审查，有利于更有效地应对他人提起的无效和后期行政诉讼并且有利于在侵权阶段更好地保护专利涉及的产品（或方法）。

六、结　论

高质量专利申请文件不仅需要专利代理人具有很高的整体素质（技术、法律以及职业道德）而且需要企业专利人员和发明人的充分协助，需要发明人充分公开其发明专利以便于专利代理人理解、拓展和概括其发明专利，但是还需要专利代理人与企业专利人员和发明人共同协商，处理好公开充分和Know‐how的关系。再次，由于检索贯串发明专利申请、审查、无效宣告以及后期侵权等的各个环节，因而需要专利代理人重视检索，不断提高检索能力，从而能够在发明专利的不同阶段客观准确地评判发明专利的专利性。最后，高质量专利申请文件需要专利代理人从模仿开始不断练习，明确每个词的内涵和外延，从而不断训练严谨的思维和表达方式，使得专利申请文本不但清楚而简要而且符合《专利法》其他要求。

从"易清洗多功能豆浆机"系列无效宣告案看申请文件的撰写

王 汇* 王扬平*

【摘 要】

"易清洗多功能豆浆机"专利经无效宣告请求人多次请求撤销其专利权,均被专利复审委员会维持其专利权有效,该案权利的稳定性与其申请文件较高的撰写质量有着密切关系,本文对该案例进行分析,提炼出在申请文件撰写中值得借鉴的撰写技巧:重点关注体现发明点的技术特征的命名,应当准确提取该特征区别于现有技术的实质作用和功能,最好形成以"功能词+万用词"表达的名称;对于要素省略类的发明,在克服新颖性缺陷时,为了避免采用否定式或排除式的表达,可以引入工作过程的限定以形成更为清楚合理的权利要求;可以从技术效果、技术问题等多角度综合进行限定,以凸显权利要求的整体性以利于提高权利要求的稳定性。

【关键词】

申请文件 撰写 功能词 工作过程 整体性

专利申请文件撰写的优劣直接决定了专利的授权、确权等各个环节。九阳公司被认为是豆浆机行业的开创者和领导者,在国内豆浆机市场上占据了很大的市场份额。面对一直困扰业界的家用有网豆浆机难于清洗的问题,九阳公司研究出无网豆浆机,并于 2004 年 11 月 29 日提出了"易清洗多功能豆浆机"(申请号:200410036418.4)的发明专利申请,该专利申请于 2006 年 8 月 9 日被授予专利权,成为豆浆机行业的一项基础专利,还曾荣获中国专利优秀奖以及第二届中国山东专利周金奖。自该专利授权后从 2007 年至 2012 年底,先后有飞利浦、苏泊尔、欧科等不同的请求人共计 8 次向专利复审委员会提出无效

---

* 作者单位:国家知识产权局专利局专利审查协作北京中心。

宣告请求，而均被维持专利权有效，该审查结论充分体现了涉案专利的稳定性和价值所在，被评为"2012年度专利复审委员会十大案件"之一。该专利申请文件的撰写质量较高，为国内中小家电企业提供了很好的范例。❶ 因此，本文重点剖析了该案件的实质审查过程和历次无效审查过程，梳理出该申请文件撰写质量较高的特点所在，以期对相关领域的专利申请撰写提供一定的参考。

一、案情介绍

本案所要解决的技术问题是：传统的制浆物料置于过滤网罩的豆浆机过滤网罩难于清洗的技术问题，其所采用的技术手段为：设置下口敞开的导流器，刀片设置在导流器内，在刀片的旋转作用下，筒体底部的水和制浆物料在导流器内被提升，制浆物料被刀片粉碎并随水从导流孔（如图1所示）、或从导流槽（未图示）、或从导流槽和导流孔由导流器内喷出回到桶体内。制浆完成后，沉渣留在桶体内，且导流器内、外壁清洗容易。其授权的权利要求包括两个独立权利要求1和6，分别对应导流孔和导流槽的两种技术方案，权利要求1如下：

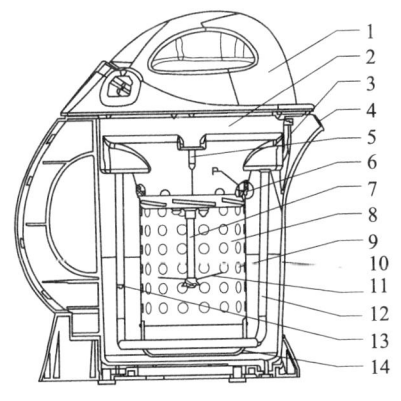 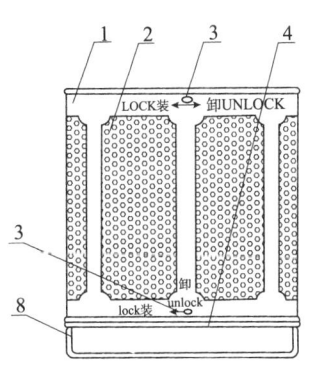

图1　本案豆浆机示意图　　图2　CN2601722Y过滤罩示意图

"1. 一种易清洗多功能豆浆机，包括有电机、刀片、机头、桶体，机头下盖扣装在桶体上，其特征在于在机头下盖（2）上固定设置有一个导流器（8），导流器（8）下部伸入水中，导流器（8）下口为敞开的，电机长轴（7）前端上固定的刀片（11）在导流器（8）内并伸入水中，在导流器（8）

---

❶ 国家知识产权局专利复审委员会无效宣告请求审查决定第12244号、第19505号、第19499号、第19513号、第13373号、第20421号。

上设置有导流孔（9），制浆物料是在桶体（10）和导流器（8）内随水循环粉碎制浆。"

二、申请文件撰写分析

本案权利要求撰写清楚、简要，保护范围大小适当，说明书公开充分，对本申请和现有技术的区别介绍明确，对工作过程描述详细，符合《专利法》及《专利法实施细则》的规定，使得无效宣告过程中关于公开不充分、超范围等质疑均安然通过。通过对本案的实质审查和无效审查过程的剖析，笔者还提炼出该案在撰写中值得借鉴的以下撰写技巧。

（一）关键特征恰当命名

众所周知，对于产品权利要求，尤其是机械领域的产品权利要求，基本采用"点名" + "关系"的方式进行撰写。所谓"点名"就是将零部件罗列出来；所谓"关系"就是指出零部件之间的位置或连接关系。❶ 特征命名的好坏一定程度上决定了申请文件的撰写质量的高低，以本案中的关键特征"导流器"为例：

首先，从其形状或结构上看，其形似下口敞开的过滤筒，可以选用的常规的命名方式包括"筒"、"网"等，然而，这些命名方式均存在潜在的问题，如采用"筒"的命名方式可能使得该导流器的形状限定为筒体的形式，较为下位，使一些其他非筒体的形式排除在外，使得权利要求保护范围缩小；采用"网"的命名方式虽然可以勉强表达出权利要求1的导流器上带有导流孔的情形，但无法表达出权利要求6的导流器上带有倒流槽的形式，则权利要求6还面临着重新命名的问题，使得具有同一技术构思的两组权利要求的技术构思难以在文字表述上得以体现，进而可能会导致不符合单一性的问题。

其次，从无效宣告过程来看，无效宣告请求审查决定第19505号中涉及的证据7（CN2601722Y）公开了一种豆浆机过滤罩（如图2所示），其由过滤筒1和底盖组成，在过滤筒1侧壁上设置有网孔2，在过滤筒上口和下口内壁设置有向内的安装凸点3，底盖4上面的周圈外围5上设置有安装凹槽6；使用时，可先将过滤筒旋装固定在豆浆机的机头上，再将豆子装入过滤筒，最后将底盖旋装固定在过滤筒上，使用方便；清洗时，先将本豆浆机过滤罩从豆浆机机头上旋下，倒掉豆渣，再将底盖从过滤筒上旋下，分别清洗过滤筒和底盖，

---

❶ 曹义怀. 专利文件撰写实务与案例 [M]. 北京：知识产权出版社，2010：66 - 67.

由于底盖上没有滤孔，极易清洗，过滤筒两头开口，也方便洗刷。分析该证据可以发现：从产品结构看，该过滤筒其下口敞开，侧壁也有孔，与本案的带导流孔的导流器结构相似；从解决的技术问题看，其也是克服现有技术中过滤网罩难以清洗的技术问题；然而，从技术手段来分析的话，该过滤筒起到易于清洗的手段是通过采用过滤筒和底盖组合式的结构来形成结构，其由过滤筒和底盖组成，在使用过程中必须与底盖组合使用，虽然过滤罩的底盖可以拆卸，过滤筒和底盖相对于一体式滤网便于清洗，然而其并不能实现本案中导流器的功能和作用。"导流器"这一命名方式由于具体限定了其功能，仅从其名称即可明确地将其与过滤筒等部件区分开来，使得无效过程的技术特征对比清晰、特征认定容易。而设想若将导流器命名为筒或网，虽然结合权利要求中的其他特征的综合限定，可能无效宣告请求决定的结论不会改变，但毫无疑问无效宣告过程中分析和说理上的难度会增加。同样，"导流器"的准确命名，也使得关于"滤网底部敞开属于要素的省略或变更，为了易清洗而将网罩下口敞开，网孔扩大属于本领域的公知常识"等无效理由也不攻自破。

"功能词+万用词"的命名方式在机械领域的专利申请较为常见，其中功能词明确体现了该特征的实际作用，万用词可采用：器、部、件、装置、设备等。这样的表达方式既能够恰如其分、又能最大限度地扩展保护范围，❶ 此外，从本案的分析可以看出，采用这样的表达方式亦可兼顾同一技术构思的不同技术方案中特定技术特征的命名以便于合案申请，且从无效过程看，这种撰写方式可以很容易将相同结构不同功能的对比文件排除在外。因此，在申请文件的撰写中，对于体现发明点的技术特征命名时尤其应当准确提取该特征区别于现有技术的实质作用和功能以形成恰当的名称。

（二）工作过程巧妙限定

专利文件 CN2542171Y 是实质审查过程中审查员使用的作为最接近的现有技术的对比文件，该文件及相似文件也在多次无效宣告请求中作为证据出现，其也是九阳公司申请的在先专利，审查员在第一次审查意见通知书中根据该对比文件评价了权利要求 1 的新颖性。在答复第一次审查意见通知书时，申请人在原独立权利要求中仅增加了"制浆物料是在桶体（10）和导流器（8）内随水循环粉碎制浆"一句形成前述授权的权利要求。从字面上看，这一句体现

---

❶ 李银惠. 机械产品专利的权利要求树形表、五要素和三层次［M］//中华全国专利代理人协会. 发展知识产权服务业　支撑创新型国家建设——2012 年中华全国专利代理人协会年会第三届知识产权论坛论文选编. 北京：知识产权出版社，2012：256 – 264.

实质上体现的是豆浆机的工作过程,在权利要求已经限定了筒体和导流器的基础上,关于工作过程的这一限定似乎对权利要求的保护范围没有带来实际的影响,然而,事实证明,这一特征一方面进一步清楚地限定了权利要求的保护主题,另一方面形成了与上述最接近的现有技术的明确区分,针对审查员基于该对比文件提出的质疑,申请人采用上述方式对权利要求进行合理修改后,使得权利要求更为稳定,在历次无效请求中关于该对比文件的理由均不成立。

该专利文件中公开了一种循环煮沸式家用全自动豆浆机,其所要解决的技术问题是现有豆浆机煮沸时产生很多气泡,豆浆体积迅速热膨胀,只得暂停加热避免溢浆,豆浆加热温度限于100℃之内,为此,所采用的技术方案如下(如图3所示):该豆浆机具有滤罩8和豆浆加热装置,豆浆加热装置包括有外桶7、内筒6和桶盖3,内筒6上端卡装在桶盖3内面上,桶盖3扣装在外桶7上端,内筒6侧壁上设置有连通孔13,刀轴9穿过桶盖3深入内筒6,刀轴9前端固定安装刀片10,外罩刀片10的滤罩8上端卡装在桶盖3内面上;泡豆装入滤罩8内,加热装置内加入水,将豆浆加热装置的外桶7置于电热盘16上,当水温达到70℃~86℃范围时,电机2启动刀片10打豆制浆,豆浆加热煮沸时,内筒6上部形成高于大气压10~20千帕的微压,内筒6内豆浆液面升高到内筒6侧壁上的连通孔13处,豆浆液在连通的内外液面差产生的连通器效应下从连通孔13流入外桶7再经相连通的底部回流到内筒6,豆浆液在加热装置内形成循环流动持续加热温度高于100℃,内筒6卡装在桶盖3上,清洗时可拆下,清洗方便。

从上述公开的内容可以看出,该对比文件中的内筒6的侧壁上设置有连通孔13,且豆浆液在连通器效应下从连通孔13流入外桶7再经相连通的底部回流到内筒6,豆浆液在加热装置内形成循环流动,也即内筒6与本案中的导流器结构相同,客观上也形成了循环流,即也是一种导流器,同时,也便于清洗,该对比文件公开了原权利要求的全部技术特征,使之不具备新颖性。然而,从技术方案整体上看,两者还是存在区别的,如本案中无过滤罩,而对比文件中有过滤罩,那么,从结构的角度去考虑修改的话,其最大的差异就在于是否具有过滤罩,如果在修改时增加特征"不具有过滤罩"是否适当呢?我们知道,一般情况下,采用排除式或否定式的描述方式对一项发明进行定义,以便与现有技术明显区别开来一般是可以接受的。但权利要求书作为一份具有确定含义的法律文件,如果采用这类否定式用语进行限定,则往往也会导致保护范围的不确定,甚至可能产生对申请人自己不利的后果。例如,"一种无密封圈的轴传动油密封机构"意味着凡使用了密封圈的油密封机构都不在其保护范围之内,假如有人为了加强密封性能,或者仅仅了逃脱侵权,在该密封机构之外又附加使用密封圈，则将不会构成侵权。❶ 毫无疑问，如果采用上述否定式修改，本案授权后的权利要求也会产生上述问题，如本案说明书部分明确提及的可在盛浆容器口增设过滤装置（如过滤罩）的技术方案即被排除在外。在结构上无法进行修改的前提下，申请人巧妙地通过增加工作过程的限定"制浆物料是在桶体（10）和导流器（8）内随水循环粉碎制浆"化解了这一问题。因对于上述对比文件，由于具有过滤罩，通过内筒6的物质为豆浆液，而豆子的粉碎过程是在过滤罩内实现的，而本案的粉碎过程却是在导流器内实现，因此，上述工作过程体现了导流器通过的物质为"制浆物料"，且在导流器中进行"粉碎制浆"，清楚地限定了权利要求的保护主题，也形成了与最接近的现有技术的明确区分，克服了新颖性缺陷，同时也增加了权利要求的稳定性。

从上述分析可以看出，产品权利要求一般采用产品的结构、材料、参数、位置和连接关系甚至方法等方式进行限定，然而，对工作过程的阐述也可以作为权利要求的一种限定方式，尤其是对于要素省略类的发明，在克服新颖性缺陷时，为了避免采用否定式或排除式的表达，引入工作过程的限定可形成更为清楚合理的权利要求。

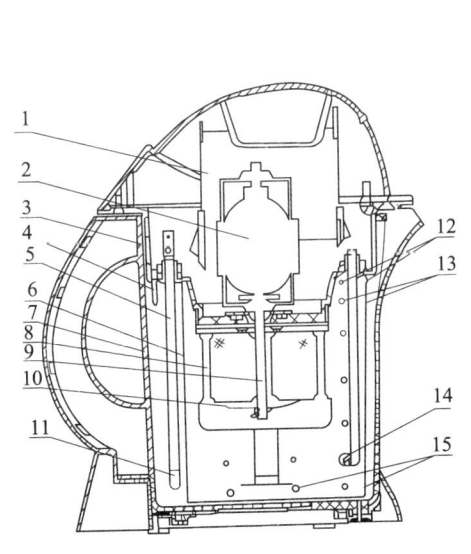

图 3　CN2542171Y 豆浆机示意图

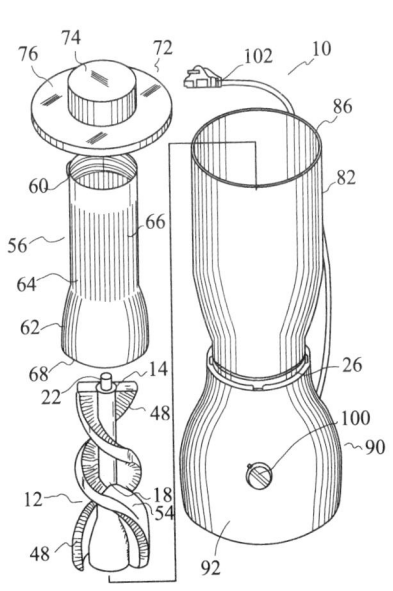

图 4　US5636923A 搅拌器示意图

---

❶ 张荣彦. 机械领域专利申请文件的撰写与审查 [M]. 3 版. 北京：知识产权出版社，2011：45-46，145-151.

（三）技术问题体现整体

如前所述，难于清洗是本案旨在解决的技术问题。本案权利要求的主题名称为"一种易清洗多功能豆浆机"，其中的"易清洗"明确体现了其所解决的技术问题，结合权利要求特征部分的导流器相关特征的限定，使得权利要求整体上既体现了技术手段，又体现了技术问题，明确了技术方案的实质是采用导流器解决难于清洗的技术问题。这种撰写方式的益处在无效宣告过程中得到了充分体现。如无效宣告请求审查决定第 19513 号中涉及的证据5（US5636923A）公开了一种循环式食品搅拌器（如图4所示），其中叶片圆筒和其上的多孔圆筒一起相当于导流器，其中叶片圆筒的旋转拉动放入搅拌器的物质，并被推动通过多孔圆筒的孔，物质由于重力而向下行进，从而被叶片再次向上拉动，循环持续至混合彻底。证据5的结构和功能均与本案的导流器类似，然而，由于其用于食品混合而非豆浆机，不存在过滤网罩难于清洗的技术问题，也就不存在将该导流器用于豆浆机以解决上述问题的技术启示。由于权利要求中技术问题的引入，使得权利要求的整体性得以加强，技术手段和技术问题的联系表现得更为直接和紧密，也就增加了被公开和无效宣告的难度。

在评价权利要求的新颖性创造性时，整体上考虑权利要求是审查人员需要注意的问题，然而由于一个特征有可能起到多个作用或多重作用，比如导流器一般可起到导流的作用，在本案中也起到了易于清洁的作用，若不能在权利要求中明确体现出权利要求的整体性，则可能导致各个特征易于拆分和说理，以致出现不利于申请人的情形。因此，在权利要求的撰写中，关注权利要求的整体性，从技术效果、技术问题等多角度综合进行限定，可以一定程度上更全面完整的体现出权利要求的技术实质，也有利于提高权利要求的稳定性。

三、小　结

本案历经多次无效宣告请求都被维持有效，彰显了其权利要求的稳定性，对其实质审查和无效审查过程的剖析提示在申请文件撰写时可考虑以下方面以提高撰写质量：（1）重点关注体现发明点的技术特征的命名，应当准确提取该特征区别于现有技术的实质作用和功能，最好形成以"功能词+万用词"表达的名称；（2）对于要素省略类的发明，在克服新颖性缺陷时，为了避免采用否定式或排除式的表达，可以引入工作过程的限定以形成更为清楚合理的权利要求；（3）可以从技术效果、技术问题等多角度综合进行限定，以体现出权利要求的整体性，也利于提高权利要求的稳定性。

从实际侵权检测的角度看如何提高计算机软件相关申请的撰写质量

李镇江[*]

【摘　要】

目前，计算机软件相关申请虽然很多都能够获得专利权，但由于计算机软件实现的申请的特殊性，在侵权判定时非常困难。笔者通过多年实践总结出，计算机软件相关申请的权利要求可以按照这样的原则撰写：（1）用外在容易感知的特征撰写；（2）针对可能感测到侵权的所有产品撰写，不是针对申请相应的上市产品的特定结构撰写；（3）撰写时最好能构想出一个侵权检测的场景，按照该场景去撰写，其中"外在容易感知的特征"在实践中有三个比较容易操作的表现形式，即：（1）直观可见的；（2）直接可测量的；（3）容易拆卸分解的。

【关键词】

计算机软件　撰写质量　侵权检测　外在容易感知

目前，按照《专利审查指南2010》第二部分第九章的规定，对于涉及计算机程序的专利申请，只要其不是智力活动的规则和方法，并且其解决方案执行计算机程序的目的是解决技术问题，在计算机上运行计算机程序从而对外部或内部对象进行控制或处理所反映的是遵循自然规律的技术手段，并且由此获得符合自然规律的技术效果，则这种解决方案属于《专利法》第2条第2款所说的技术方案，属于专利保护的客体。

因此，在这样的规定下，目前大量的计算机软件相关申请都能够获得专利权。然而，与机械领域的申请的"所见即所得"不同，计算机软件相关申请的技术方案具有抽象性和不可见性，很多方案的内容是在不可见的后台运行，

---

[*] 作者单位：中国国际贸易促进委员会专利商标事务所。

对于这样的方案，很容易在行使权利时，或者说在侵权判定时遇到困难。

举一个简单的例子加以说明。

【例1】

一种便携式终端，当用户在显示屏上挥击时，在终端的界面上显示可用的图形对象，然后如果用户选定了其中一个对象，就执行所述对象。这是一个我们在日常手机操作中常见的场景。下面就以该简单的场景为例进行说明。

在撰写时，权利要求1写成：

"1. 一种用户终端设备，包括：

触摸传感器，用于感测用户的手指挥动和点击，并产生相应的电信号；

数据库，用于存储图形对象；

执行器，用于执行图形对象；

中继单元，被配置为如果所述电信号是感测用户的手指挥动产生的电信号，则将电信号传递到数据库，如果所述电信号是感测用户的手指点击产生的电信号，则将电信号传递到执行器。"

该权利要求的撰写过多涉及终端设备内部的抽象结构。实际上，由于软件程序的不可分性，诸如中继单元、执行器等部件未必在终端设备中作为一个单独的部件存在，可能是写在同一个大的软件代码中的。这样，在侵权检测的时候，就会发生问题，即诸如数据库、执行器、中继单元等部件在侵权检测时拆开被诉侵权样机未必可见，只能借助于复杂的技术鉴定等环节，为侵权的举证造成了很大的障碍。

笔者通过多年的专利诉讼和撰写实践，发现一个易于侵权举证的计算机软件相关的权利要求应该具有以下特点：

（1）用外在容易感知的特征撰写；

（2）针对可能感测到侵权的所有产品撰写，不是针对申请相应的上市产品的特定结构撰写；

（3）撰写时最好能构想出一个侵权检测的场景，按照该场景去撰写。

按照上述标准（1），不难发现，上述【例1】中的数据库、执行器、中继单元都是看不见、摸不着的。即便当场拆机，数据库、执行器、中继单元也未必是物理上可分的独立的模块。被诉侵权方当然会以其被诉侵权产品并不具有相应模块来进行抗辩。

上述权利要求1也同样不符合上述标准（2）。在可能侵权的产品中未必具有数据库。虽然申请可能将图形对象存储在数据库中，但可能侵权的产品可能将图形对象存储在内存的一小块区域中，也有可能之间固化在程序代码中。另外，可能侵权的产品也未必具有中继单元。中继的功能可能直接包含在触摸传感器的功能中。

上述权利要求 1 也同样不符合上述标准（3），即并没有按照相应侵权检测的场景去撰写，导致无法在侵权诉讼中直观地向法官演示侵权检测的整个过程。

如果按照侵权检测的场景撰写，首先构想一个侵权检测的场景：一个用户在手机显示屏上挥击一下，然后若干图形对象出现在显示屏上，然后用户选择其中的一个图形对象，手机运行该图形对象。

改写后的权利要求 1 如下：

"1. 一种运行图形对象的方法，包括：

响应于在显示屏上的挥击，显示图形对象集；

响应于对所述图形对象集中的图形对象的选择，运行所述图形对象。"

再据此撰写相应的装置权利要求。

上述的权利要求 1 就完全符合上述的 3 个标准。首先，按照侵权检测的场景撰写，保证了方便地演示侵权的整个过程。其次，用外在容易感知的特征撰写，法官很容易进行侵权对比。另外，它脱离了本申请相应上市产品的特定结构，而是按照能够涵盖所有竞争对手可能制造出的结构进行普适性地撰写。

对于标准（1），什么是"外在容易感知的特征"呢？

笔者通过多年实践，认为在实践中有三个比较容易操作的表现形式，供大家分享：

（1）直观可见的，例如上面的【例1】；

（2）直接可测量的；

（3）容易拆卸分解的。

除了上述【例1】外，再给出一个关于第一个表现形式"直观可见的"的例子。

【例2】

一种在浏览器内部防止授权组件外的组件恶意篡改授权组件的内容的系统，目的在于提高浏览器组件访问的安全性。原权利要求 1 写成：

"1. 一种提高浏览器内部安全性的系统，包括：

安全框架装置，由浏览器创建，

其中，所述安全框架装置进一步包括：

组件创建器，用于创建来自多个源的组件；以及

监督模块，用于监督组件创建之后各个组件之间的相互调用。"

对应的附图如下：

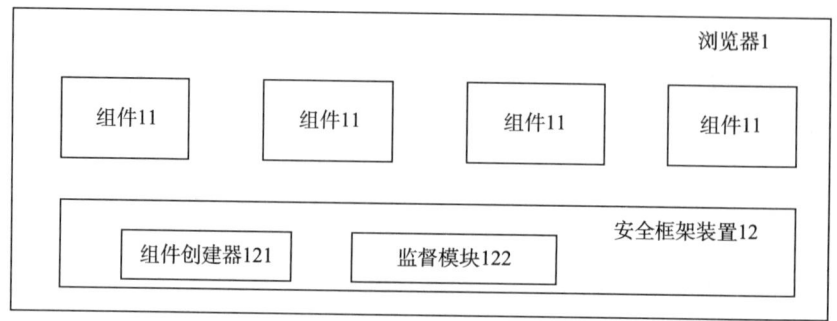

这样的一个权利要求,它的表现形式显然不是直观可见的。诸如组件创建器、监督模块这样的部件是编程于浏览器内部、看不见摸不到的模块,它们的软件代码也未必是截然分开的,很难找到哪一部分就对应于组件创建器,哪一部分就对应于监督模块。因此,这样的权利要求在侵权判定时会遇到比较大的困难。

结合前面提到的按照侵权检测的场景撰写的原则,就容易构造出一个侵权检测时非常直观的权利要求。此案在侵权检测时无非是构造这样的场景:先让浏览器运行,然后用浏览器中的安全框架之外的组件去调用,结果被浏览器拒绝。因此,撰写出如下权利要求:

"1. 一种用于在未修改浏览器上保护 web 应用的跨域交互的方法,包括:

创建来自多个源的组件;

响应于来自所创建的组件外的组件的调用,拒绝所述调用。"

进而,可根据方法权利要求1,再写成装置权利要求。

这样的权利要求,由于具有直观性,在侵权检测时非常有利。

如上提到的"外在容易感知的特征"的第二个表现形式是"直接可测量的"。例如,一个方案中具有若干连线,在某条连线上截取一点,在该点上出现了信号,就可以认定发生了侵权,这样的撰写方式往往被认为是"直接可测量的"。下面以【例3】为例进行说明。

【例3】

一种定位程序故障的装置,目的在于改进现有技术中程序在内核中执行发生了故障但在何处发生故障无处可查的现状,使得在程序出现故障时能够清晰地定位在程序的什么位置出现了故障。原权利要求1如下:

"1. 一种定位程序的故障的方法,包括:

在程序的进程中创建辅助线程,使该辅助线程与虚拟机 JVM 相挂接;

在内核中插入探测器;

探测器检测到程序故障时向所述辅助线程发告警信号;

所述辅助线程响应于该告警信号而从虚拟机 JVM 取回调用栈信息,从而利用该栈信息定位到程序中发生故障的位置。"

对应的附图如下:

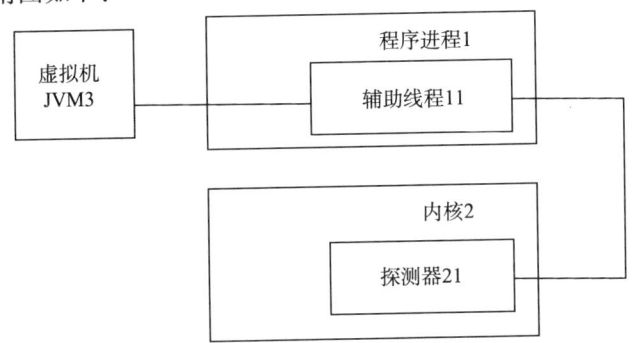

在原权利要求 1 中,将设置辅助线程 11 和探测器 21 的准备过程也写了进去。但显然,当检测侵权时这些后台的准备过程是无法看见的,因此导致侵权判定困难。考虑到前面提到的"构造侵权场景"标准,我们可以为此案构造如下侵权场景:在现有技术中,程序进程 1 和内核 2 之间的连线上是不出现信号的,程序进程 1 和虚拟机 JVM 3 之间的连线上也是不出现信号的。因此,一旦这些连线上出现了信号,就意味着检测到了侵权。

改写后的权利要求 1 如下:

"1. 一种用于定位程序中的故障的方法,包括:

监视程序的运行并在检测到程序故障时向辅助线程发告警信号;

响应于告警信号,从虚拟机 JVM 取回调用栈信息,从而利用该栈信息定位到程序中发生故障的位置。"

然后,可以根据方法权利要求写成相应的装置权利要求。

改写后的权利要求 1 中的两个步骤分别对应于程序进程 1 和内核 2 之间的连线上检测到信号以及程序进程 1 和虚拟机 JVM 3 之间的连线上检测到信号。因此,通过简单的信号检测和分析技术,就能够判定是否发生了侵权。

如上提到的"外在容易感知的特征"的第三个表现形式是"容易拆卸分解的"。

【例 4】

一种打印机,它与现有技术的区别在于其墨盒里编写了一些软件程序,使得能够监测墨盒中墨水的量,一旦墨水的量低于阈值,向墨盒架发射警报信号,同时墨盒架中也编写了一段软件程序,一旦接到警报信号,利用弹片使墨盒弹出。原权利要求 1 撰写成:

"1. 一种打印机，包括：

打印头，用于……

墨盒，用于……内置有墨水感测装置，该墨水感测装置响应于墨盒中墨水的量低于阈值，发射警报信号；

墨盒架，内置有分析装置，该分析装置响应于接收到警报信号，利用弹片使墨盒弹出。"

上述权利要求中的打印头、墨盒、墨盒架是容易拆卸分解的，而墨水感测装置和分析装置往往是抽象的装置，是不容易拆卸分解的。如果按照下面的方式撰写权利要求1，会大大提高侵权判定成功的概率。

"1. 一种打印机，包括：

打印头，用于……

墨盒，用于……响应于墨盒中墨水的量低于阈值，发射警报信号；

具有弹片的墨盒架，响应于接收到警报信号，利用弹片使墨盒弹出。"

上面仅是根据笔者的专利诉讼的实践总结出来的一些容易使计算机软件相关的发明在侵权时易于判定的撰写方式。当然，确实也存在一些侵权时易于判定的权利要求在实质审查中由于新颖性、创造性或其他的一些原因不太容易通过的情况。而实质审查中容易通过的权利要求在侵权判定中往往不好用，甚至是无用的权利要求。笔者从计算机软件相关的发明的诉讼实践中感到，计算机软件相关发明的真正保护在中国还有很长一段路要走，需要中国的专利工作者、法律工作者、企业界和社会公众长期共同努力。笔者相信，只要认识到申请人、专利权人的真正诉求在哪里，再加上广大专利工作者和法律工作者的不断呼吁和推进，中国的计算机软件相关的发明的保护将会越来越贴近专利权人真正的需求。

涉及算法的专利申请的客体判断方法

徐秋杰[*] 陈敏泽[*] 肖 薇[*] 宋晓琳[*] 殷华宇[*]

【摘 要】

对涉及算法的申请文件目前没有明确的撰写标准,《专利法》《专利法实施细则》和《专利审查指南2010》中的相关规定都较为抽象,导致该类型的申请文件容易被审查员质疑不属于《专利法》保护的客体。本文引入实用性的概念,结合产业应用的制造使用背景,将抽象的问题具体化,然后通过技术领域、技术问题、技术方案和技术效果四个要素给出具体的客体判断方法,以期更好地把握客体判断,从而对撰写出更好的涉及算法的发明专利申请文件提供参考。

【关键词】

算法 客体 技术领域 实用性 制造使用

一、引 言

随着计算机行业的快速发展,涉及算法的申请所占比重越来越大。而算法是模型分析的一组可行的、确定的和有穷的规则,可以理解为有基本运算及规定的运算顺序所构成的完整的解题步骤,或者看成按照要求设计好的有限的确切的计算序列,并且这样的步骤和序列可以解决一类问题。因此,涉及算法的权利要求其不可避免地会涉及人为制定的规则。而申请人和专利代理人为此类申请撰写权利要求书时,往往忽视《专利法》对保护客体的要求,导致有些申请在实质审查时,会被审查员认定为不属于《专利法》保护客体。

目前,涉及算法的客体审查分两个层次进行:首先进行《专利法》第25条的审查,判断是否属于单纯的智力活动规则;然后进行《专利法》第2条第2款的审查,判断所要保护的申请整体是否属于技术方案。对于《专利法》

---

[*] 作者单位:国家知识产权局专利局专利审查协作北京中心。

第 25 条，在判断上相对容易，并且从撰写上容易规避这种问题的出现；而争议主要在于申请是否符合《专利法》第 2 条第 2 款。认识问题才能更好地解决问题。本文以《专利法》及《专利法实施细则》和《专利审查指南 2010》的相关规定为基础，结合实例，从《专利法》第 2 条第 2 款的角度对涉及算法的发明专利申请客体的有关问题进行探讨。

二、客体判断要素分析

关于专利法保护的客体，目前有以下一些相关规定：

《专利法》第 2 条第 2 款规定："发明，是指对产品、方法或者其改进所提出的新的技术方案。"

该规定包括以下两层含义：一是发明专利可以保护产品和方法两大类型；二是发明是一项新的技术方案。《专利审查指南 2010》明确指出该条"是对可申请专利保护的发明客体的一般性定义，不是判断新颖性、创造性的具体审查标准"，因此重点在于技术方案的确定。根据《专利审查指南 2010》中技术方案的定义，一项技术方案应该同时具备技术手段、技术问题和技术效果三要素，这也是审查过程中判断发明是否属于技术方案最常用也是最核心的方法。根据《专利审查指南 2010》和《审查操作规程 2011》中的审查规则，相对于一般领域的专利申请而言，满足以下两个条件的涉及算法的发明，才属于《专利法》第 2 条第 2 款规定的技术方案：（1）该算法应用到某一技术领域，并形成基于该算法的解决方案；（2）基于该算法的解决方案采用了技术手段，并解决了该技术领域的技术问题，获得了相应的技术效果。

TRIPS 第 27 条第 1 款规定："除本条第 2 款、第 3 款规定的以外，所有技术领域的发明，不论是产品还是方法，只要具备新颖性、创造性和实用性，都可以获得专利。"

该规定也包含了两层含义：一是各成员对任何技术领域的发明应当一视同仁，都属于可以授予专利权的主题范围，不能被歧视；二是如果专利申请的主题不是技术领域中的发明，则不属于可以授予专利权的主题范围。据此，各成员可以将申请主题是否属于技术领域、是否具有技术属性作为授予专利权的条件之一。

结合上述规定，可以发现"技术领域"是在三要素之外一个非常重要的因素，如果专利申请的主题不是技术领域中的发明，则不属于可以授予专利权的主题范围。对于涉及算法的发明专利申请来说，在判断"三要素"之前，首先要在其技术方案中判断其所应用的"技术领域"，亦即需要判断四个要素。

三、现状及存在的问题

"四要素"的含义和对其的理解,以及"四要素"之间的关系以及适用方法是审查实务中需要重点把握的内容。但《专利审查指南2010》和《审查操作规程2011》中均未具体地指明何为"技术"这一抽象措辞,因此,对"技术性"的认定存在分歧,对于这"四要素"的各方面的应用也会有不一致的理解。申请人和审查员、甚至专利复审委员会之间难以达成一致,这可能会损害申请人的利益。

1. "技术领域"的认定不一致

《专利审查指南2010》中规定:"发明或者实用新型的技术领域应当是要求保护的发明或者实用新型技术方案所属或者直接应用的具体技术领域,而不是上位的或者相邻的技术领域,也不是发明或者实用新型本身。该具体的技术领域往往与发明或者实用新型在国际专利分类表中可能分入的最低位置有关。"而在实际操作中,经常对同样的领域是否属于技术领域的观点不同。

【案例1】

专利复审委员会第43664号复审请求决定,决定日为2012年6月25日,涉及一种与模型无关的自适应控制器及其控制方法,权利要求如下:一种与模型无关的自适应控制器,其特征在于,该控制器由两个前向神经网络串联而成,前一神经网络为网络控制器MLPc,后一神经网络为网络模拟器MLPo,网络控制器的输出作为网络模拟器及受控对象的输入,受控对象的输出和网络控制器的输入之间设有一闭环负反馈,网络模拟器的输出和受控对象的输出之间设置为相减关系,两者的差值误差用于网络模拟器MLPo的再训练过程。

复审请求决定认为:上述权利要求的解决方案与具体技术领域的具体物理量无关,仅是构造了一种数学模型和数学算法,没有将其建立的模型和算法应用到某一具体的技术领域并形成基于该模型和算法的解决方案,上述权利要求不属于《专利法》第2条第2款规定的专利保护的客体。

【案例2】

专利复审委员会第47784号复审请求决定,决定日为2012年12月13日,涉及一种基于逆动力学模型的自适应PID控制器的设计方法,权利要求如下:基于逆动力学模型的自适应PID控制器的设计方法,其特征在于,该设计方法包括如下步骤:①构造控制对象逆动力学模糊规则模型结构,以及与PID控制器对应的控制对象的逆动力学模糊规则模型输入向量的结构;建立包含N组数据的控制对象逆动力学模糊规则模型辨识样本集(X);……②对所建立的控制对象逆动力学模糊规则模型的辨识样本集（X），用 FCNI 算法辨识控制对象逆动力学模糊规则模型的前件，获取所述聚类中心向量（xt）和隶属度（i(k)）的值；③根据控制对象逆动力学模糊规则模型的误差（e(k-1)），用 RLS 算法辨识控制对象逆动力学模糊规则模型的后件，获取所述后件参数向量（ei↓↓↓）的值；……④根据辨识得到的后件参数向量（ei(k)），构造自适应 PID 控制器的特征参数向量……⑤利用在线得到的控制对象的输入输出数据，产生一组新的样本数据 {x(k), u(k-1)}，并利用该组新的样本数据对已有的控制对象逆动力学模糊规则模型的辨识样本集（X）进行刷新，返回步骤②，重新进行前述步骤②到步骤④的循环，产生新的控制量。

复审请求决定认为：PID 控制器本身就属于某一技术领域，而涉及该装置中的算法的应用领域与该装置所在的技术领域相同，且使该装置的功能或性能得到提高，如本申请中"算法"可以使 PID 控制器获得良好的自适应能力和良好的鲁棒性。

由上述两份复审请求决定可以看出，由于对同样的领域"控制器领域"是否属于技术领域的观点不同，导致对于上述两个涉及自适应控制算法申请的客体认定结论完全相反。

2. "利用技术手段"含义理解不一致

《专利审查指南 2010》中规定："技术方案是对解决了技术问题所采用的利用了自然规律的技术手段的集合。而技术手段通常由技术特征来体现。"产品技术方案的技术特征可以是零件、部件、材料、器具、设备、装置的形状、结构、成分等；方法技术方案的技术特征可以是工艺、步骤、过程以及所采用的原料、设备、工具等。各个技术特征之间的相互关系也是技术特征。❶ 因此，对"技术手段"和"技术特征"的关系存在不同的理解，一种观点认为，既然《专利审查指南 2010》中已经规定了"技术手段通常由技术特征来体现"，那么使用了技术特征的方案就是应用了技术手段；而另一种观点则认为，《专利审查指南 2010》采用"通常"来修饰两者的关系，技术特征的存在不必然构成技术手段。这样就导致在判断同一个含有技术特征的专利申请时，因对两者的关系不同理解，而作出两种完全相反的判断，从而得出不同的结论。

四、"技术性"与实用性的关联分析

由于"技术"的抽象性，对其认定也存在分歧，在某种程度上，判断具

---

❶ 尹新天. 中国专利法详解 [M]. 北京：知识产权出版社，2011.

有一定的主观性。因此，笔者基于《专利法》中"实用性"的有关规定，提出一种通过实用性来判断涉及算法的专利申请的客体判断方法，使得抽象的问题具体化，可操作性增强。

《专利法》第 22 条规定："授予专利权的发明和实用新型，应当具备新颖性、创造性和实用性。"同时规定，"实用性，是指该发明或者实用新型能够制造或使用，并且能够产生积极效果。"

《专利审查指南2010》第二部分第五章关于实用性的规定是"实用性，是指该发明或者实用新型申请的主题能够在产业上制造或使用，并且能够产生积极效果"。

《专利法》将实用性与新颖性、创造性并列在一起，在同一法条中予以规定，许多人习惯上将它们称为授予发明和实用新型专利权的"三性"条件。但实用性的判断与新颖性、创造性的判断有较大区别。新颖性和创造性的判断都是将申请专利的发明或者实用新型与申请日之前的现有技术进行比较；实用性涉及的是对发明或者实用新型本身性质的判断，而不是一种比较性质的判断❶。缺乏技术实现手段、违背自然规律、利用独特的自然条件完成的技术解决方案或无积极效果，符合上述任何情形之一，则被认为不具备实用性。❷

从上述分析可以发现，实用性的判断与《专利法》第 2 条第 2 款技术方案的判断存在很多相似之处：技术手段、自然规律、积极效果。而一项可以被授权专利权的涉及算法的发明，最终是要在产业中制造或使用，也应当具备实用性，即可以被制造或使用，并能产生积极效果。因此，可以通过实用性判断涉及算法的发明是否可以授予专利权；同时，在实用性中有一个重要概念"产业应用"，申请专利的发明或者实用新型必须能在产业中应用，是指发明或者实用新型不能是抽象的、纯理论的东西，只能在理论上、思维上予以应用，而必须是能在实际产业中予以应用。所谓"产业"，应当具有广义的含义，其范围包括工业、矿业、农业、林业、水产业、畜牧业、运输业、交通业、服务业等。所谓"应用"，是指如果申请专利的是一种产品，该产品就必须能够实际制造出来，并且能够产生预期的效果；如果申请专利的发明创造是一种方法，该方法就必须能够在实际中予以应用，并且能够产生预期的效果。这种效果可以是技术效果，也可以是经济效果或者社会效果。❸这是一个相对具体的概念，其必须具有制造或使用背景，使得"技术性"的判断更具体化，从而判断起来也会变得容易很多。

因此，在实际操作过程运用"四要素"进行判断时，可以通过判断申请

---

❶❷❸尹新天. 中国专利法详解 [M]. 北京：知识产权出版社，2011.

的解决方案是否具有制造、使用背景，以及是否利用了自然界的客观事物内部的规律、并解决了该制造、使用背景下的某一问题，来判断是否符合客体。

五、基于实用性的"四要素"判断方法

制造、使用背景直接与"四要素"中的"技术领域"相对应，此种"领域"需要以制造、使用为背景，而不是反映人抽象思维的领域。因此，在这四个要素中，首先判断算法是否应用到某一技术领域，如果没有，则可得出算法不属于《专利法》第2条第2款规定的技术方案的结论；如果应用到了某一技术领域，再分别对技术手段、技术问题、技术效果这三个要素进行判断，这三个要素在都满足的情况下，才认为该算法属于《专利法》第2条第2款规定的技术方案；只要有一个要素不满足，则不属于《专利法》第2条第2款规定的技术方案。

1. 技术性的判断

在技术领域的判断中，首先，从权利要求保护的主题名称上来判断该主题名称能否反映其以制造、使用为背景；其次，如果主题名称上不能明显确定其以制造、使用为背景，就从权利要求所限定的特征来看，也即从权利要求的整体来看，该权利要求是否是以制造、使用为背景。

判断完技术领域，如果其应用到了某一技术领域，可以通过"三要素"法对技术方案进一步判断其是否为保护客体。对技术方案的理解不能简单看其是否存在技术特征，其是对"技术问题、技术手段、技术效果"的综合考量。权利要求中技术特征的存在并不必然导致发明成为专利保护的客体。对于某些采用了技术特征的方案，如果仅仅为了纯粹的非技术目的，则不能认为该方案是技术方案。利用了自然规律的技术手段，应该是指人们在生产活动中（也即产业应用中）所采取的利用了自然界的客观事物内部的规律、并解决生产活动中某一问题的手段。判断采取利用了自然规律的技术手段所解决的技术问题，以及利用了自然规律的技术效果，应该是指人们在生产活动中所采取的利用了自然界的客观事物内部的规律的手段所解决的生产活动中的某一问题，以及解决这一问题时所带来的效果。

"技术领域、技术问题、技术手段、技术效果"是相与的关系，在都满足的情况下，才符合《专利法》第2条第2款。因此即使一项权利要求具备了技术领域，也并不是就属于技术方案。

2. 案例说明

结合上述【案例1】和【案例2】，按照对技术领域的理解判断方式，重

新对上述案例进行分析。对于之前提到的存在争议的【案例1】，认为该权利要求涉及的是一种自适应控制器本身的建模，从其主题来看，并不是明显属于适于制造、使用背景的领域。接下来，从权利要求限定的特征来看，其是否具有制造、使用背景。权利要求中出现了"受控对象"，但并未体现"受控对象"的任何物理特征，因而该受控对象也体现不出制造、使用背景；从其采用的手段进行分析，该方案中采用两个前向神经网络即网络控制器和网络模拟器串联，并限定了网络控制器、网络模拟器与受控对象的输入输出关系，上述网络控制器、网络模拟器是由某一特定的神经网络算法构建而成，并非具有实体结构的控制器、模拟器，其对于"受控对象"设置的输入输出关系也未体现利用"受控对象"的任何运动规律或机理（自然属性），它们执行的仅是输入输出数据的相关运算，涉及的只是一种数学算法，属于没有制造、使用背景的领域，属于排除的领域。因而，从权利要求整体上判断，其不属于技术领域，不属于保护客体，因此笔者认同该复审请求决定的观点。

对于【案例2】，则认为其涉及的是一种自适应PID控制器本身的建模，从其主题来看，并不是明显属于适于制造、使用背景的领域。权利要求中虽体现了应用的"控制对象"，但是，并未体现"控制对象"的任何物理特征，因而该受控对象也体现不出制造、使用背景；而从采用的手段进行分析，该方案中只是对"控制对象"的输入输出数据利用模糊规则、辨识算法进行了相关的计算，而并体现未利用"控制对象"的任何运动规律或机理（自然属性），它们执行的仅是输入输出数据的相关运算，涉及的只是一种数学算法，也未体现出制造、使用背景，属于排除的领域，因而也不属于技术领域，因此笔者认为其不属于被保护的客体，不认同该复审请求决定的观点。

【案例1】和【案例2】均不能体现制造、使用背景，下面来看一下【案例3】，从正面来阐述一下如何撰写则体现了制造、使用背景的技术领域。

【案例3】

申请号：2005101031953。

发明名称：决定PID控制器积分初始值的方法。

权利要求：一种决定PID控制器积分初始值的方法，包括：

a）设定步骤，预先设定温度设定值及其温度误差设定值；

b）参数产生步骤，启动自动调谐，在所述温度误差设定值间产生控制输出的开-关切换，以获得调谐曲线的振幅；

c）运算步骤，利用所述振幅及温差参数计算出预估的积分初始值为（温差-负误差设定值）/（振幅-负误差设定值），所述温差指所述温度设定值与最低温度值之间的温度差值；

e）将所述预估积分初始值预先添入所述 PID 控制器以进行积分控制，从而节省温度达到设定值的反应时间；

所述温度误差设定值至少包括以所述温度设定值为基准的正、负误差设定值，所述正、负误差设定值为可变化的设定。

同样，按照上述的判断方式，首先判断该权利要求的主题名称，该权利要求要求保护的是一种决定 PID 控制器积分初始值的方法，从主题名称上看，同【案例1】和【案例2】相同，其也属于并非明显的制造、使用背景的领域；但从权利要求所限定的特征，由上述步骤（a–b）可知，该权利要求体现了利用 PID 控制对象的温度属性，PID 的输出影响到控制对象温度的变化。因此，该权利要求应用到了温度控制这一技术领域，其体现的制造、使用背景是在温控领域，因而该种撰写属于保护的客体。

下面再通过【案例4】的修改过程看权利要求的撰写。

【案例4】

申请号：2007800314420。

发明名称：模型增益矩阵修正方法。

权利要求：1. 修正具有至少一个自变量和因变量对的模型的模型增益矩阵的方法，该方法包括：

（a）选择对数底数，

（b）读取用于自变量和因变量对的模型增益，

（c）取该模型增益的绝对值，

（d）以在步骤（a）中所选择的对数底数为底，将步骤（c）中的所述模型增益的绝对值取对数，

（e）将步骤（d）得到的对数四舍五入至具有确定位数的小数，以获得四舍五入后的对数，

（f）通过使用步骤（a）中的对数底数升到步骤（e）中具有确定位数的小数的四舍五入后的对数的幂次，来对步骤（e）中的四舍五入后的对数取反对数，

（g）如果所述模型增益原来为负数，则将步骤（f）的反对数乘以 –1，以确定计算出的增益，

（h）将该计算出的增益应用到修正后的模型增益矩阵以修正关于控制器的所述模型增益矩阵，

（i）使用步骤（a）中的同样的对数基底和步骤（e）中的同样的固定位数的小数，对同一模型中的其他模型增益重复上述方法。

对【案例4】的客体判断，首先，进行技术领域的判断，该权利要求要求

保护一种修正具有至少一个自变量和因变量对的模型增益矩阵的方法，从主题名称来看，其不具有明显的制造、使用背景，从技术特征看，该方法的手段仅仅涉及对于控制器的模型进行修正，采取的手段仅仅是人为制定的模型修正规则，也体现不出制造、使用背景，因而，可以得出该种撰写不属于专利保护的客体。

进一步而言，如果在主题名称后，增加技术特征"该模型用于由控制器运行的多变量预测控制应用，所述多变量预测控制应用被用来控制一个石油提炼过程"，增加该限定后，虽然该方法被应用到石油提炼过程这一技术领域中，具有制造、使用背景，然而继续判断"三要素"时，该方法的手段仅仅涉及对于控制器的模型进行修正，修正过程中并未体现模型增益矩阵与实际应用中的输入输出参数关系，可知该方案采取的手段仅仅是人为制定的模型修正规则，不是利用了自然界的客观事物内部的规律、并解决了该制造、使用背景下的某一问题的技术手段，该种撰写仍然不属于专利保护的客体。因此，在进一步撰写修正时，应体现模型增益矩阵与实际炼油过程中的输入输出参数关系，这样采用的手段与具体的制造、使用背景下的问题紧密结合，从而达到属于专利保护的客体目的。

六、结束语

通过《专利法》第 22 条规定的实用性中制造、使用为背景进行技术方案的"四要素"判断，该判断方法可操作性强，更容易对专利保护客体的技术性进行把握，同时能够有利于申请人撰写出反映发明实质、具有专利性的权利要求书。

测控领域发明专利申请撰写的几点建议

张 筠* 梁洪峰* 冉小燕*

【摘 要】

针对测控领域的技术面广、更新快等特点，对该领域发明实质审查过程中出现的典型性问题进行了分析，并在测控领域发明专利申请文件的撰写、审查意见的解读以及通知书答复等方面给出了建议，以期能够对相关领域的申请人和专利代理人有所帮助。

【关键词】

测控领域 公开不充分 保护客体 涉及计算机程序的发明

一、前 言

测控技术是研究信息的获取和处理以及对相关要素进行控制的理论与技术，是电子、光学、精密机械、计算机、信息与控制技术多学科互相渗透而形成的一门高新技术密集型综合学科。测控技术是实现自动化的基础技术，虽然其适用的测量原理基本上相通，但由于不同领域对其相应测控技术的不同要求，因此测控技术的发展因其具体领域不同而呈现出千差万别的变化。特别是随着计算机技术发展对各个领域的渗透和深刻影响，更是将传统测控技术推向新的发展阶段。2012 年，涉及测控技术（分类号为 G01 大类）的中国专利申请量达到 6 万余件，约占整个中国专利申请量的 5%。专利申请人主要集中于科研院所、高校、国有大中型企业以及国际型大公司。因此该领域的专利申请也呈现出高科技和前沿性的特点。

由于测控技术的技术融合性、多样性、复杂性和尖端性，决定了该领域的专利申请相对于其他领域具有一些突出特点。笔者结合自己在该领域发明专利实质性审查工作中遇到的典型问题，对说明书撰写、方法权利要求、涉及计算

---

* 作者单位：国家知识产权局专利局专利审查协作北京中心。

机程序的发明这三部分进行分析，在申请文件撰写、审查意见解读以及通知书答复等方面给出建议，进而希望对广大申请人和专利代理人在提高申请文件质量方面有所裨益。

二、说明书撰写

（一）充分公开的要求

对于发明专利申请的说明书，申请人应当清楚而完整地说明本申请的技术方案，特别是涉及本申请发明点的部分，以符合《专利法》第 26 条第 3 款的规定。

【例 1】本申请请求保护一种温度传感器，其相对于现有技术的改进点在于利用传感器的外部温度对所述温度传感器进行温漂补偿。

对于【例 1】，如何利用传感器的外部温度进行温漂补偿等这些涉及申请发明点的技术手段应当清楚地记载在申请的说明书中，以使本领域技术人员能够实现该发明。至于该温度传感器的外壳是什么材料、如何固定安装在被测物体上，这些与申请发明点无直接联系的，可以适当简略说明。

由于测控领域的发明人很多是其领域的前沿学者或技术人员，在撰写申请文件时，常常会不自觉带入本领域知识，在专利文件的有限篇幅内，对于与发明人认定的发明点无直接关联的概念或步骤一笔带过。虽然涉及上述概念或步骤的技术手段并非本申请声称的发明点，但是如果这些技术手段无法实施的话，整个发明都无法实现，导致审查员据此作出该申请说明书公开不充分的审查意见。

仍以上述温度传感器为例，申请人声称其温漂补偿需要利用该温度传感器的外部温度，但未对如何测量该外部温度进行清楚说明。审查员基于该温度传感器的应用环境，认为该温度传感器的外表并不暴露，因此无法通过公知手段进行外部温度测量，进而认为本申请说明书公开不充分。在面对公开不充分的审查意见时，很多申请人不能作出针对性的答复，或对申请文件进行了不适当修改，最终导致该申请被驳回。

笔者认为，申请人针对上述审查意见进行答复时，最重要的不是如何修改该申请的说明书，而是证明本领域技术人员基于公知常识能够实现该发明。因为公开不充分是从根本性认定该申请的技术方案不能实施，这种缺陷并不能通过修改申请文件来克服。对于上述温度传感器的例子，即使申请人答复时在说明书中补入了如何测量外部温度的技术特征，这些特征并未记载在该申请原始提交的申请文件中，并且也不能由原始记载直接毫无疑义地确定，因为如果能够直接毫无疑义地确定上述内容，审查员就不会作出公开不充分的审查意见。因此审查员仍然会以说明书修改不符合《专利法》第 33 条为由拒绝接受上述修改。所以有效的答复手段不是修改申请文件，而是修正审查员关于公知常识的认定。申请人应当在意见陈述中提供充分而有力的证据（例如期刊文献，教科书）来证明现有技术中存在若干种公知的方法能够测量并不暴露外表的温度传感器的外部温度，这对于审查员是更具有说服力的。

测控领域的发明很多涉及计算方法，因此说明书和权利要求书中常常出现大量的公式和变量参数。在变量较多时，因为申请人无心的疏忽，经常造成申请文件中遗漏了公式中的部分变量的定义。严格地讲，缺乏定义的变量会导致其计算公式无法使用，致使本领域技术人员无法实现该发明，审查员可以据此作出说明书公开不充分的审查意见，并可能最终驳回该申请。因此申请人在答复上述公开不充分的审查意见时，应当以文字形式明确该变量的含义并给出合理的解释。可以从该变量是否具有通用的含义出发，例如 m 一般代表质量，v 代表速度；也可以提供能够证明在本领域中该变量具有明确定义的期刊、教科书等证据。虽然这些证据不足以使得将上述变量的定义补入申请文件中，但能够使本领域技术人员明确上述变量的定义。在后续程序中，这些意见陈述也将作为证据帮助解释和确定权利要求的保护范围。

（二）背 景 技 术

背景技术是帮助审查员快速了解当前技术领域发展水平的有效手段。《专利审查指南 2010》第二部分第二章规定，**发明或者实用新型的背景技术部分应当写明对发明或实用新型的理解、检索、审查有用的背景技术，并且尽可能引证反映这些背景技术的文件**。在国际专利分类体系中，涉及测控技术的专利申请被划入分类号 G01 大类。该大类按照测量对象又分为 17 个小类，例如测量长度归入 G01B，测量电、磁参量归入 G01R。由于测控技术涉及多领域的交叉融合，因此其分类号提供的信息指引可能是不够准确和全面的。一种采用电磁变量作为中间量来间接测量长度的装置，其有可能被分入 G01B 或 G01R。因此申请文件的背景技术就是使审查员迅速理解申请及其发明点的捷径。

另外，检索背景技术也是申请人在专利申请之前的必要过程。准确体现出现有技术的发展水平，与现有技术明确划界，能够突出申请的发明点，提高实质审查的准确性和效率。如果申请人只是泛泛地介绍申请的发明内容，在面对审查员提供的对比文件时，即使这篇对比文件是申请人已经知晓的现有技术，申请人仍然需要在意见陈述中陈述本申请相对于该对比文件的改进点及其有益效果。虽然最终审查员可能接受了申请人的意见陈述，但毕竟浪费了一次通知书，延长了审查的进程，对审查资源和申请人精力都是不必要的消耗。

在有限的篇幅内充分利用引证文件。引证文件不仅能够向公众和审查员提供现有技术发展水平的介绍，体现发明的改进点，还可以扩展申请的记载范围。《专利审查指南 2010》第二部分第二章规定，**说明书中引证的文件可以是专利文件，也可以是非专利文件，例如期刊、杂质、手册和书籍等**。如果引证文件满足了《专利审查指南 2010》第二部分第二章第 2.2.3 节的三个要求，**则认为该申请说明书记载了所引证文件中的内容**。因此引证文件并不局限在背景技术中，在该申请发明内容和实施例部分，都可以通过引证文件的方式进行补充说明。对于前面的温度传感器的例子，申请人可以通过在说明书中记载"本申请可以根据某某文献所记载方法来测量外部温度"，来扩展该申请记载的内容。当然这样做的前提是，引证文件的内容并不涉及该申请的发明点。对于涉及发明点的关键性内容，申请人还是应当将其明确记载在该申请的说明书中。

三、方法权利要求

权利要求的类型可分为产品权利要求和方法权利要求两种。测控领域中，很多发明在于测量方法或者计算方法的改进，对产品的改进不大，方法权利要求的申请占了相当的比例，因此有必要对其经常出现的问题进行一些讨论。

（一）保护客体

申请人要确保请求保护的方法属于能够授予专利权的客体。《专利法》第 2 条第 2 款及第 25 条均对专利法意义上的授权客体作出了规定。测控领域可能出现客体问题的主要有以下几种形式。

1. 算　法

测控领域中有相当部分的申请涉及算法。单纯的数学运算方法或规则，本质上属于人的抽象思维方式，属于《专利法》第 25 条第 1 款第（2）项规定的智力活动的规则和方法，不能得到《专利法》保护。只有将算法应用到具体的技术领域，形成基于该算法的解决方案，并且该解决方案采用了技术手段，解决了该技术领域的技术问题，获得了相应的技术效果，才能构成专利法意义上的技术方案。

下面示例的权利要求 1 以《专利审查指南 2010》第二部分第九章第 3 节的【例 2】为基础，并增加了一个变形的权利要求 2 作为对比例：

权利要求 1. 一种计算摩擦系数方法，其特征在于计算摩擦片的位置变化量 S1 和 S2 的比值，并由此计算得到摩擦系数。

权利要求 2. 一种测量摩擦片摩擦系数的方法，其特征在于以固定速度牵引被测物，分别测量得到摩擦片的两个位置变化量 S1 和 S2，并由此计算得到摩擦系数。

可以看出，权利要求 1 的解决方案整体上属于一种数学计算方法，不属于专利法意义的保护客体。权利要求 2 中是权利要求 1 的计算方法与摩擦片测量领域相结合的产物，并且采用了牵引被测物、测量两个位置变化量的技术手段，解决了测量摩擦片摩擦系数的技术问题，并能够得到相应的技术效果。因此权利要求 2 符合《专利法》第 2 条第 2 款的规定。可见，即使是同样的发明内容，不同的权利要求撰写形式也会导致不同的客体判断结果。在说明书中记载有相应技术方案的前提下，权利要求 1 能够修改成为权利要求 2 的形式，从而克服不属于授权客体的缺陷。申请人在撰写权利要求时要尽可能在主题名称上体现出方案所属的技术领域。

2. 模　　型

测控领域还有一种常见的权利要求，就是涉及建立模型的方法权利要求。由于工程意义上的模型，本质上就是用一些可计算的公式来描述一个系统或过程，脱离了实际应用领域的模型，就只剩下单纯的数值对应关系。因此对于建立模型或利用模型进行计算的方法，申请人同样应当在权利要求中体现其实际应用领域，只有与技术领域相结合，模型才具有技术性的意义，才能解决技术性的问题。由于通常测控领域的模型都需要获取外部的测量数据，按照模型基于的自然规律对该测量数据实施一系列的计算和处理，从而获得需要的技术数据，因此在撰写上体现出技术领域、技术问题、技术手段及其技术效果的方法权利要求是符合《专利法》第 2 条第 2 款规定的。同样，申请人在权利要求的主题名称上体现出该模型所属的技术领域，避免产生该权利要求是单纯建模计算这样的误导。

3. 测量方法

测量方法也是常见的方法权利要求形式。《专利审查指南 2010》第二部分第一章第 4.2 节明确规定仪器和设备的操作说明属于智力活动的规则和方法，不能被授予专利权，因此申请人应当在权利要求的撰写上尽量避免将测量方法与操作说明相区别。对于这类方法权利要求，仍然应当按照《专利法》第 2 条第 2 款的规定，在权利要求中体现出发明所要解决的技术问题，解决该技术问题所采用的技术手段以及其相应的技术效果。

（二）保护范围

申请人要确保在撰写方法权利要求时能够取得一个合理保护范围。由于方法主要由方法步骤来限定，并且步骤之间的先后顺序也会带来区别和影响。因此在撰写申请文件时，在确保权利要求已记载了解决发明技术问题的必要步骤后，申请人可以尽量寻求比较宽的保护范围。目前国内申请人，特别是高校和科研院所的申请人，基本上就是按照实施例的撰写方式来撰写方法权利要求，造成权利要求保护范围过窄，基本丧失了保护的意义。

四、涉及计算机程序的发明

随着计算机技术的发展和渗透，测控技术的相当大部分的申请涉及信号处理方面的改进发明，而信号处理部分都是由计算机程序来完成的。因此测控领域的发明专利与涉及计算机程序的发明专利申请具有交叉区域，需要涉及《专利审查指南2010》第二部分第九章的相关规定。但测控领域的发明不仅仅是软件本身，大部分要涉及实体硬件及其与软件的交互，因此又不能完全照搬计算机领域的审查方法。笔者建议应从下面几个方面考虑。

（一）保护客体

由于测控领域一般都涉及利用测量元件得到测量数据，经过对测量数据的处理和计算得到新的控制量（通常处理和计算步骤是由计算机来实现的），该控制量最终还要应用于后续的控制或调整。也就是说，测控领域的发明执行计算机程序是为了处理外部技术数据，通过计算机执行技术数据处理程序，按照自然规律完成对该技术数据实施的一系列技术处理，并获得符合自然规律的技术数据处理效果，因此属于《专利法》第 2 条第 2 款所规定的技术方案。

（二）保护类型及撰写规范

涉及计算机程序的发明专利申请的权利要求可以写成方法权利要求，也可以写成产品权利要求。此外还有一种特殊的权利要求撰写形式——功能模块架构，即全部以计算机程序流程为依据，按照与计算机程序流程的各步骤完全一一对应一致的方式，或者按照与反映该计算机程序流程的方法权利要求完全对应一致的方式，撰写装置权利要求。

这种功能模块架构形式的装置权利要求不应当理解为通过硬件方式实现的实体装置，其各组成部分应当理解为实现各步骤所必须建立的功能模块。换句话说，功能模块架构仅仅是针对涉及计算机程序的权利要求的特殊撰写形式，其本质仍然是一种方法。由于它与一般意义上的产品权利要求不同，适用《专利审查指南2010》第二部分第九章的相关规定。只有采用这种与方法一一对应形式撰写的装置权利要求，我们才能将其认定为功能模块架构的权利要求，否则，就应当按照一般意义的产品权利要求，适用《专利审查指南2010》第二部分第一章至第八章的相关规定。因为完全由其执行的功能和步骤限定的模块，涵盖了能够实现该功能和步骤的所有方式，如果将这种模块理解为实体部件的话，这样的概括方式很难得到说明书的支持。因此笔者认为，功能模块架构是为涉及计算机程序的发明申请开了一个"特殊通道"，所以有对其与方法步骤一一对应的撰写要求。对于部分特征涉及计算机程序、部分特征涉及硬件特征的产品权利要求，由于形式上明显不符合功能模块架构完全对应一致的要求，因此应当将其理解为一般的产品权利要求。

此外，申请人请求保护的权利要求的类型应当与发明对现有技术的贡献相适应。如果申请人作出改进的是计算机程序实现的方法，不涉及实体装置，那么申请人就应当采用方法权利要求进行保护。采用方法步骤来限定产品权利要求，可能会导致该产品权利要求不清楚或得不到说明书的支持。

【例2】一种脉冲分析仪，其用于执行以下步骤：A步骤；B步骤；C步骤。

从主体名称上看，该权利要求属于产品权利要求。由于产品权利要求通常应当由产品的结构特征来限定。只有某些特征无法用结构特征或参数特征予以清楚表征时，才允许用方法特征表征。但是上述权利要求没有采用任何结构特征，全部采用方法步骤进行限定，显然这种权利要求的撰写方式是不能允许的。

五、总　结

本文主要对测控领域的发明专利申请的说明书、方法权利要求、涉及计算机程序的发明这三部分的典型问题进行分析，在申请文件撰写方面给出建议。笔者希望抛砖引玉，引起更多申请人和专利代理人对提高测控领域专利申请文件质量的思考和讨论。

如何助力中国计算机软件、网络、通信、商业方法类发明孵化出美国专利"金蛋"

张浴月[*]

【摘　要】
　　美国对于发明创造给予的是一种强的专利保护，无论从其保护客体的宽泛性还是从专利侵权诉讼中的天价赔偿金可窥见一斑。本文焦点在于如何在美国孵化出计算机软件、网络、通信、商业方法类领域中专利"金蛋"。本文从比较法的视角，讨论了向美国申请上述领域的专利时，选择更适合的权利要求保护主题、易于通过审查的撰写方式、在说明书披露何种信息，以及易于进行侵权诉讼的权利要求撰写方式等四个方面。本文特别以分散式权利要求、集中式权利要求为例，呼吁专利代理人注意上述领域技术的多用户实施和/或跨国实施等特点，有创造力地撰写去美国的权利要求，提高中国企业在美国授权、维权之路上的容易度并降低风险，使中国企业真正拥有威慑对手、获得赔偿的专利利器。

【关键词】
　　分散式权利要求　集中式权利要求　介质权利要求　直接侵权　间接侵权

一、问题的由来

　　在新一轮技术革命推动各种产业的智能化、通信互联的革新浪潮中，计算机软件、网络、通信、商业方法类领域中的创新越发成为一颗颗引人注意的明珠。中国企业除了在本土进行专利申请外，也在积极寻求美国市场的占领。

　　然而，由于计算机软件、网络、通信、商业方法类领域中的专利法律规定

---

[*] 作者单位：隆天国际知识产权代理有限公司。

与实践在中国与美国存在较大的差异，企业如果只是沿用其在中国的专利申请策略，去美国申请专利，将面临各种法律风险，导致其投入的专利申请费用不能顺利通过美国的专利审查阶段、发挥获取美国专利的目的，或者更甚之，其获得的专利并不能真正成为威慑对手、获得赔偿的利器。

二、问题的解决

（一）可以要求保护的主题有哪些

1. 专利适格性

美国在其专利法第 101 条中规定了较宽的法定可授权客体范围，其比中国的客体范围宽的一个体现存在于软件以及商业方法类发明的领域。但是，美国虽然宽，但也要在了解中美之间可授权客体范围的差异的前提下，选择适当的保护主题和撰写方式，才能孵化出"宽"的专利之"蛋"。

首先，与中国在其《专利法》第 25 条第 2 款中明确排除了科学发现、智力活动的规则/方法的专利适格性相似，美国通过司法判例将抽象思想拒于法定可授权客体的门外。因此，当权利要求指向单纯的商业方法、算法、数据结构、帧格式、协议、软件时，即权利要求没有记载计算机、智能终端、网络等机器的应用时，中美两国的专利实践对此的态度都比较明确，即不是可授权客体。如：

【案例 1】

（参见 *Bilski v. Kappos* 案（2010））

"一种管理由商品供应商以固定价格出售的商品的消费风险成本的方法，包含以下步骤：

（a）在所述商品供应商与所述商品的消费者之间发起了一系列的交易，其中，所述消费者以一个基于历史平均水平的固定费率购买所述商品，所述固定费率与所述消费者的风险状况相对应；

（b）识别与所述消费者有一个相反风险状况的所述商品的市场参与者；

（c）在所述商品供应商与所述市场参与者之间发起一系列以第二个固定费率进行的交易，使得所述一系列市场参与者的交易平衡所述一系列消费者的交易的风险状况。"

【案例 1】被认为太抽象了，美国联邦最高法院在其 *Bilski* 案中指出与机器联系可以作为专利适格的线索。

若将【案例 1】的主题名称进一步改为"一种管理由商品供应商以固定价

格出售的商品的消费风险成本的方法，该计算机终端被编程以执行该方法"，简称【案例2】。这种写明由计算机等机器执行的方法在中美两国结果不同。

在中国，【案例2】可能不被认为属于中国《专利法》第25条第2款规定的不能获得专利保护的情形，但会采用中国《专利审查指南2010》第二部分第九章规定的"三要素测试法"（解决技术问题、采用技术手段、且获得技术效果），来判断其是否属于《专利法》第2条第2款规定的发明专利的可授权客体。由于三要素测试法不考虑商业模式上的创新，而只是检验是否存在技术上的创新（例如：扩充了存储空间，或改善了橡胶模压成型工艺，防止了橡胶的硫化欠硫化测试等，或改善了图像质量等中国《专利审查指南2010》第二部分第九章，因此【案例2】在中国可能被《专利法》第2条第2款挡住。当然，如果除了包括新的商务模式，还包括一种技术创新，就属于中国的可授权客体。

在美国，在审查阶段，【案例2】可能会顺利过法第101条的关。参见美国专利商标局根据 *Bilski* 案判决调整的美国审查指南（MPEP）2012版中以下考察因素节选：

"既要考虑发生有助于专利适格性影响的因素，又要考虑发生削弱专利适格性影响的因素。发生有助于专利适格性影响的因素满足机器－或－转换测试标准，或者提供了抽象思想已经被实际应用的证据。"

"该方法是否包括特定机器，或被特定机器执行。"

"在权利要求'对计算机如何辅助该方法、计算机在多大的范围辅助该方法、或计算机对该方法的执行的重要性上保持缄默时'，'在一个涵盖了抽象概念的权利要求中增加'计算机辅助'的限制，没有其他限制的话，是不足以使该权利要求适格的。需要清楚写明计算机被编程以执行该方法的步骤'。（*DealerTrack v. Huber*，USPQ2d 1325，1339-40（Fed. Cir. 2012））

"机器或装置是否执行了方法步骤很重要。集成使用机器或装置以实现方法的执行将发生朝向适格性的影响，与如果机器或装置只是方法步骤的对象则发生远离适格性的影响相反。*Cybersource v. Retail Decisions*，654 F.3d 1366，99 USPQ2d 1960（Fed. Cir. 2011）（"姑且不论网络是否可视为机器，上诉人辩解说其方法权利要求捆绑在机器上的原因是'没有网络，该方法将是可不能的'，不能说服我们很清楚网络不能执行该方法权利要求的欺诈检测方法。"）

因此，在美国，如果在撰写商业方法、软件类发明的权利要求时，写入机器执行方法的步骤等特征，一般可以推定具有专利适格性。这是源于，美国的许多法官认为，应将软件与硬件放在一起考虑（如【案例2】），这样它们可构成一个足以克服要求保护的发明太抽象的意见的新机器，即成为可授权客体。

然而，商业方法、软件类发明是否应授予专利，如果是，边界在哪儿最近在美国却又起波澜。美国联邦巡回上诉法院（CAFC）近来作出裁决（*CLS Bank v. Alice*，2013年5月10日）说："抽象思想不能仅仅因为与机器联系了就变成可专利的客体。"具体说来，由法官Lourie领导的5人法官阵营，采取了一种特别洞察入微的观点，以涉案专利中的权利要求的计算机限定特征仅仅是"相对于该抽象思想而言无关紧要的事后解决方案（postsolution）……"为由，认为在计算机上运行程序并不能改变计算机，或减少软件的抽象属性，裁决介质权利要求，以及系统权利要求无效。此案例使得在美国，商业方法、软件类发明的专利适格性更加扑朔迷离。当然，该案可能还会被美国联邦最高法院提审。中国专利代理人、申请人当拭目以待，根据情况及时调整权利要求的撰写策略。

小结：在美国除了通过司法判例识别出的例外，基本上都是其专利法第101条可以获得专利保护的客体。这些例外概括而言就是：自然规律、物理现象和抽象思想，或者说是：自然现象，科学原理，只取决于人类智力的系统，无实体的概念，智力过程，无实体的数学算法和公式（参见 *MPEP*2106）。因此，中国申请人一般而言只要判断其想要保护的不是上面司法例外，基本上就都可以去美国申请专利，不必像在中国那样只申请有技术创新的发明。例如，如果想要申请一种网络有奖销售发明，在线玩家终端进行通信的发明，游戏服务器、数据接入系统的计费发明等只有商务、营销模式创新的发明。但需按照美国的审查方式、判例等在撰写上进行适当的调整，参见下文。

2. 权利要求保护主题类别

即使通过初判，确定一个发明创造可以向美国申请专利，还需要注意：选择适当的、法定的权利要求保护主题类别，获得多个维度的保护形式。

具体地，除了方法类权利要求中美两国的范畴（可以选择方法、用途等范畴）相似外，在物之权利要求方面，美国除了给予装置、系统等范畴的权利要求形式保护，还比中国多个介质范畴的保护。例如著名的Beauregard形式的计算机可读介质权利要求。并且，撰写时需写明权利要求保护的是**非暂态有形**的计算机可读存储介质方可，否则将会覆盖不是法定客体的信号传递的瞬时形式（CAFC在2007年在 *In re Nuijten* 案（500 F. 3d 1346，84 USPQ2d 1495）的判决，将机器可读媒介解释为可以包含瞬态信号，以及有形载体的压缩盘），而前者被认为属于自然规律。

笔者推荐写入介质权利要求。理由是：在侵权举证时较为容易证明属于美国专利法第271（a）条规定的严格责任——直接侵权。且如果侵权者将软件的 master copy 等介质卖到美国之外如中国，装在电脑上的话，美国的介质专利权人还可以主张依据专利法第 271（f）条要求美国之外的市场如中国市场的销售额作为赔偿基础（CAFC 在 *Eolas Techs. , Inc. v. Microsoft Corp.* 案（2005 年））。

小结：随着网络技术的迅猛发展，传统的用母盘、光盘分发软件的方式已经发展为通过网络来扩散。若要真正切实给予软件专利保护，是否一定要局限于其载体，中国台湾和欧洲专利局已经说不，它们以形式不能高于实质为由，分别开始允许采用计算机软件产品、数据结构产品的范畴的权利要求来保护软件。作为 IT 技术的领头人美国未来是否也会给予这种范畴的保护，还是个未知数。但考虑到美国判例对专利审查的实时指导作用，中国申请人也可以在申请之初，就写上这样的软件产品权利要求。

（二）易于通过审查的权利要求撰写方式

对于软件类发明申请，需警惕的问题是由中国的一种特殊撰写方式引发的去美国的"水土不服"效应。

中国《专利审查指南 2010》第二部分第九章给出了一种基于说明书中描述的计算机程序流程或者依据反映了该计算机软件流程的方法权利要求撰写的，由一组软件功能模块限定的产品权利要求。笔者称这种权利要求为中国式"无形"产品权利要求，即，其所要求保护的产品是一种主要通过说明书中描述的计算机程序实现的抽象的虚拟装置，而不是主要通过硬件实现的实体装置。中国审查员依据《专利法》第 26 条第 4 款审查这种"无形式"产品权利要求的保护范围是否符合得到说明书支持以及是否清楚时，会直接根据《专利审查指南 2010》第二部分第九章的规定，认为其要求保护的只是软件实现方式，因此能够得到描述了计算机软件流程的说明书的支持且是清楚的。这种审查方式可谓是专用于"无形式"产品权利要求的"特殊"审查方式。

美国与中国明显不同，其强调产品权利要求保护的产品的有形性，审查焦点在于产品与软件、算法等之间是否存在功能和结构上的关系。笔者称这种旨在保护有形产品权利要求为"有形式"产品权利要求。这种权利要求也是中国以外大部分国家常用的权利要求形式。

因此，中国申请人若将其中国式"无形"产品权利要求直接翻译成英文去美国的话，很有可能遭遇令其费解的审查意见。例如：

【案例 3】

"一种音乐推荐系统，包括：音乐归属函数获取单元，用于……；

用户归属函数获取单元，用于……

粒度相关函数计算单元，用于……

推荐单元，用于……"

美国审查员一般根据 MPEP 2106 的两步判断法来判断，第一步是判断是否是专利法第 101 条规定的四个法定类别：过程、机器、制品以及物质的合成，第二步是判断是否是司法判例识别的出来的例外，如信号的传输、无实体的概念、无实体的数学算法和公式，参见下面节选。

"权利要求包括了暗示发明指向产品的术语，例如记载了'机器，包括……'，但是在最宽最合理的解释方式下没有包括赋予具体形状的限定特征，这种权利要求并未被限制到一个实际应用，反之整体上包含了发明赖以作为基础的概念。这是不允许的，因为这种权利要求范围将会延伸到应用该抽象思想的所有方式。"

"权利要求为'根据公式 F = ma 运行的机器'，没有任何有形的结构元素，覆盖了基于该公式的操作原理，而对权利要求的范围没有限制"

因此，美国审查员轻则将产品权利要求的某一个功能模块通过援引美国专利法第 112 条第 6 款对应至说明书中某个有形物理实体，重则认为该权利要求覆盖某个算法的所有实际应用的产品，从而挥舞专利法第 101 条大棒拦下该权利要求。

因此中国申请人撰写权利要求时，注意要写入产品权利要求的具体结构，再写上结构特征与软件流程各步骤特征之间是否具有功能上和/或结构上的联系。例如

【案例 4】

苹果三星大战中的美国专利 7469381 的权利要求 19

"一种装置，包括：

触摸显示屏；

一个或多个处理器；

存储器，存储有一个或多个程序，被配置为由所述一个或多个处理器执行，所述程序包括：

显示电子文档的第一部分<u>的指令</u>；

检测触摸屏上或附近对象的移动<u>的指令</u>；

响应于对运动的检测，在第一方向上翻译触摸屏上显示的电子文档<u>的指令</u>，以显示电子文档的第二部分，其中第二部分不同于第一部分，……"

（三）说明书应当披露的信息

中美差异的一个重要体现在于，说明书公开何种性质的信息才能构成中国式"无形"产品权利要求的支持。此外，说明书的信息由于在侵权诉讼中起

着解释、支撑权利要求的支柱作用,更当予以重视,否则有可能使专利权人用专利武器辅助其商业策略的如意算盘落空,如下文提到的 *Noah Systems, Inc. v. Intuit, Inc.*, 675 F. 3d 1302(2012 年)。

这个差异主要是对中国申请人有不利影响。因为中国申请人是使用其在中国的在先申请作为优先权向美国提出申请。由于中国申请文件的说明书是按照中国《专利审查指南 2010》撰写的,虽然可以用来支持中国式"无形"产品类权利要求,但是经常由于没有描述该产品在现实世界中对应的硬件结构而不能符合美国专利法第 112 条第 2 款的"书面描述"该产品的要求。由于作为优先权的中国申请没有这一部分内容,导致这种缺陷有可能成为难以克服的硬伤,从而不能使其产品权利要求获得授权。

美国给予的涉及计算机软件的产品权利要求与中国的产品权利要求的概念是不对等的,其含义与其他技术领域的产品权利要求基本相同,即该产品需具有作为有形载体的物理实体,并特别强调该物理实体与该软件之间的功能和/或结构上的关系。因此,对于产品权利要求,要求说明书公开该产品的具体构造的各种例子。

因此,中国申请人在最初向中国提交申请时,如欲进入美国市场,则就需要在说明书中做好铺垫,即清楚描述软件依托的硬件运行环境和设备。以脉搏血氧测量领域为例,其发明的新型软件算法"主要是对一定时间内采集到的脉搏波波形进行处理,特点是对乘法的需求极大,所涉及的数据处理量为 1kB 左右。因此基于 8051 内核的 51 系列单片机不能很好地运行该软件算法,而使用采用了哈佛总线结构和硬件乘法器、内部设置多个并行操作的功能单元和大量的片内存储器的 DSP 器件,虽然能提高运算速度,但成本价格较高。"因此,从处理能力与成本上都与该软件成为最佳拍档的硬件是"美国微芯科技股份有限公司推出的采用 RISC 和哈佛结构的 PIC 系列单片机"。❶

还需注意的是,产品的具体构造并不能一刀切式在所有申请中拷入模板型的描述,如"该软件由微处理器来执行。依赖于所需要的配置,可以包括任何类型的一个或多个微处理器,包括但不限于微处理器、微控制器、数字信号处理器或其任意组合","该软件存储在存储器,例如,易失性存储器(例如,随机读取存储器)、非易失性存储器(例如,只读存储器、闪存等)或其任意组合"等。而是要根据情况,判断是否还需描述清楚执行该软件的专用处理器及必要的算法。参见 *Noah Systems, Inc. v. Intuit, Inc.*, 675 F. 3d 1302(2012

---

❶ 参见:李文耀,王博亮,戴君伟. 基于 PIC 单片机的脉搏血氧测量仪的研制 [J]. 厦门大学学报,2005,44(4).

年),因在专利说明书中没有公开能够支持其权利要求的特征"为第一方和/或代理人提供到所述财务会计计算机的档案的访问,从而第一方和/或代理人能够执行一个或更多所选定的行为的装置"对应的特定算法,该专利被无效掉了。

小结:笔者建议,除了继续按照中国的要求,在说明书中写清楚实现软件的功能的各组成模块、关系,流程以外,需要注意软件对硬件的或强或弱的依赖性,及该软件各个步骤涉及的算法,全方位写明该软件运行所需的软硬件信息。

(四) 易于侵权诉讼的权利要求撰写方式

计算机软件、网络、商业方法、通信类的发明经常涉及不同终端、客户端、服务器端各自的操作,以及之间的通信,这些不同端经常由不同的法律主体实施,属于不同的企业或个人,甚至还可能位于不同的国家,即不同的法域。针对这个特点,这里单独讨论与美国侵权诉讼有关的权利要求撰写方式。

规定了直接侵权的美国专利法第271(a)条是侵权时法律争议最少的有效工具,其最典型的场景是:是一个法律责任主体(如一个人或一个企业)实施专利权利要求的所有特征才算是侵权,并且一般需要专利权利要求的所有特征都在美国境内实施。

虽然也存在多个主体实施所有特征时,其中一个主体也承担直接侵权责任,但这种责任的性质是替代责任,因此非常严格。其要求实施了专利方法的所有步骤的多个法律主体之间有代理关系这种意思联络,甚至就是他们就是一体的,而不是简单的客户关系。而如果无代理关系、策划关系,对于彼此互不相识的多个主体,或者只是正常一般的客户服务商关系,虽然共同实施了专利方法的所有步骤,那么法院一般不会将这些不相干的主体的行为聚合起来认定直接侵权。而在计算机、网络、通信领域,这种不相干的主体之间完成权利要求所有特征的场合是很常见的。例如,下面的【案例6】就是由客户端的消费者、服务器端的运营商共同实施的多方行为权利要求。

【案例5】❶

"一种磋商安全通信会议的方法,包括:

发送请求给服务器,

响应该请求,从服务器提供一个包括服务器公钥的服务器证书,

---

❶ Mark A. Lemley, David O'Brien, et al, "Divided infringement claims",《AIPLA QUARTERLY JOURNAL》SUMMER 2005, Pages 255-284.

客户端生成唯一的私钥,将该私钥通知给服务器;以及

使用该唯一的私钥和所述服务器公钥获得的加密算法来进行通信。"

虽然这个权利要求可能满足所有专利性条件而获得授权,但在将来行使专利权时,却很难甚至不能,导致专利权人空有权利却得不到救济。

由于中国尚未有此类多方行为权利要求专利的侵权判例,因此中国申请人在撰写权利要求时,很容易关注各个端的操作,从各个端的角度进行撰写(如【案例6】),从而出现权利要求的所有特征是由多个法律责任主体实施的多用户权利要求(Multi-User Claims)的情况,即分散式或分布式权利要求。这些法律主体有的甚至不在美国,或分散在多个国家。

这种分散式权利要求在美国专利侵权实践中也是较为复杂的,导致侵权事实难以认定而对专利权人不利。

例如,在 *Muniauction, Inc. v. Thomson Corp.*(2008年)一案,上诉法院撤销了地方法院已经给予专利权人对在电子网络上进行原始市政债券拍卖的方法专利7700万美元的损害赔偿,理由是,该方法的步骤由债券发行方市政机构、投标认购人,以及汤姆逊三方实施的,虽然汤姆逊控制了对其被指控的系统的访问,但当其使用其被指控系统进行拍卖时,也没有让其他两方去为了他的利益而去做,因此不应承担替代责任,并建议将方法权利要求写成单方接收和提供方法步骤的每个元素的形式❶。

【案例6】演示了服务器端集中式权利要求的写法。这是一种单用户行为权利要求,其从服务器端描述了方法的所有步骤,这些步骤全部是服务器端完成的。

【案例6】❷

"一种磋商安全通信会议的方法,包括:

接收客户端发送的请求,

响应该请求,从服务器提供一个包括服务器公钥的服务器证书,

接收客户端用所述服务器公钥发送的唯一的私钥;以及

使用该唯一的私钥和所述服务器公钥获得的加密算法来进行通信。"

【案例6】虽可降低没有一个单独的侵权者从而没有直接侵权的风险,但不能避免难以对将服务器放在美国境外导致难以主张直接侵权的风险。这个时候,可以写一个与之互补的以客户端为中心的权利要求。如

---

❶JANICE M. MUELLER. Patent law [M]. 3rd Ed. Asten:Aspen Puldisher, 2009.

❷Mark A. Lemley, David O'Brien, et al, "Divided infringement claims",《AIPLA QUARTERLY JOURNAL》SUMMER 2005, Pages 255-284.

【案例7】[1]

"一种磋商安全通信会议的方法，包括：

发送请求到服务器，

接收来自服务器的包括服务器公钥的服务器证书，

生成唯一的私钥，并用所述服务器公钥，将该私钥通知给服务器；以及

使用该唯一的私钥和所述服务器公钥获得的加密算法来进行通信。"

【案例7】针对的法律主体是分散的消费者。但在美国，由于消费者的行为构成直接侵权，专利权人就有了起诉侵权企业间接侵权的基础，例如指控侵权企业通过指导或许可消费者进行了一个以消费者为中心的集中式方法权利要求的所有步骤，即引诱消费者直接侵权。规定引诱侵权的专利法第271（b）条不像专利法第271（a）条那样要求引诱行为发生在美国境内。因此，引诱可以说是一个强有力的工具来应对计算机、网络、通信类发明创造的国际化侵权使用。

三、结束语

技术上，软件、网络、通信技术、商业方法类发明具有自身的特点，且还在不断演进中。法律上，美国专利法律体系较为复杂。因此，专利代理人当深谙企业发明的技术特点，更当对中美两国法律知己知彼，从而给上述领域的发明创造量身定做好在中美两国都能获得最佳保护的法律外衣，不仅帮助中国企业顺利获得美国专利，更要助其专利日后维权阶段的屹立不倒，从而提高专利"金蛋"的含金量。

---

[1] Mark A. Lemley, David O'Brien, et al, "Divided infringement claims",《AIPLA QUARTERLY JOURNAL》SUMMER 2005, Pages 255-284.

第三部分

化学领域高质量的专利申请文件

从一则药品专利侵权案例探讨专利申请文件的撰写

高 超[*] 康旭亮[*] 杨琳琳[*]

【摘 要】

专利申请文件的撰写质量不仅仅影响专利是否能够获得授权,更关乎授权权利要求的保护范围,从而影响后续的侵权判定。本文旨在通过一则侵权案例探讨专利申请文件的撰写,尤其是从侵权判定的角度探讨最佳的权利要求撰写方式。

【关键词】

专利申请文件的撰写 侵权 等同原则 禁止反悔原则

专利申请文件的撰写质量不仅仅直接影响整个审批过程,更影响着后续侵权诉讼中保护范围的确定,如果专利申请文件的撰写不当,可造成在侵权诉讼中无法适用等同原则,而优先适用禁止反悔原则,给专利权人的利益带来损失。下面通过一则侵权案例探讨专利申请文件的撰写,尤其是从侵权判定的角度探讨最佳的权利要求书撰写方式。

一、案情简介

案情:1995年12月5日,孔彦平向国家专利局申请"一种防治钙质缺损的药物及其制备方法"的方法专利,2000年12月15日,国家知识产权局授予其专利权,授权的权利要求1为:一种防治钙质缺损的药物,其特征在于:它是由下述重量配比的原料制成的药剂:活性钙4~8份,葡萄糖酸锌0.1~0.4份,谷氨酰胺或谷氨酸0.8~1.2份。原告澳诺公司是独占许可人。

---

[*] 作者单位:国家知识产权局专利局专利审查协作北京中心。

后来发现被告午时药业公司生产的"葡萄糖酸钙锌口服溶液"产品说明书载明的成分为：每10ml含葡萄糖酸钙600mg、葡萄糖酸锌30mg、盐酸赖氨酸100mg。国家食品药品监督管理局药品批件中对该产品的规格也表明为：10ml：葡萄糖酸钙0.6g、葡萄糖酸锌0.03g和盐酸赖氨酸0.1g。遂原告认为午时药业公司生产的"葡萄糖酸钙锌口服溶液"产品与其专利保护的技术内容等同，构成了等同侵权，将其告上了法庭。被告午时药业抗辩称：二者产品的技术特征不同而且原告的专利要求书中的修改应当适用禁止反悔原则，被告的药品为原告的侵权物的主张不成立。

法院查明：涉案专利申请公开文本中，其独立权利要求为可溶性钙剂，可溶性钙剂包括葡萄糖酸钙、氯化钙、乳酸钙、碳酸钙或活性钙。在国家知识产权局第一次审查意见通知书中，审查员认为，该权利要求书中使用的上位概念"可溶性钙剂"包括各种可溶性的含钙物质，它概括了一个较宽的保护范围，而申请人仅对其中的"葡萄糖酸钙"和"活性钙"提供了配制药物的实施例，对于其他的可溶性钙剂没有提供配方和效果实施例，所属技术领域的技术人员难于预见其他的可溶性钙剂按该发明进行配方是否也能在人体中发挥相同的作用，权利要求在实质上得不到说明书的支持，应当对其进行修改。申请人根据审查员的要求，对权利要求书进行了修改，将"可溶性钙剂"修改为"活性钙"。

为判断午时药业公司生产的"葡萄糖酸钙锌口服溶液"技术特征是否落入澳诺公司所主张的专利权保护范围，一审法院委托了北京紫图知识产权鉴定中心进行了技术鉴定。该机构作出的鉴定报告认为：午时药业公司产品含有葡萄糖酸钙，而涉案专利是活性钙，活性钙与葡萄糖酸钙同样都是可食用的能被人体吸收的钙剂，作为补钙药剂的原料两者是等同的，可供任意选择的；午时药业公司产品为盐酸赖氨酸，涉案专利为谷氨酰胺或谷氨酸，盐酸赖氨酸与专利的谷氨酸是不同的氨基酸，具有不同的营养价值，但在防治钙质缺损的药物中两者是与钙剂配伍使用，且均实现促进钙吸收的功能和效果，所以二者等同；除上述特征等同外，午时药业公司产品与涉案专利两者用途相同，其余预料相同，均为葡萄糖酸锌，各种原料的用量比例相同。鉴定结论为："湖北午时药业股份有限公司生产的'新钙特牌'葡萄糖酸钙锌口服溶液药品与涉案专利的技术方案相等同。"

因此，一审法院认为：只有为了使专利授权机关认定其申请专利具有新颖性或创造性而进行的修改或意见陈述，才产生禁止反悔的效果，并非专利申请过程中关于权利要求的所有修改或意见陈述都会导致禁止反悔原则的适用。本案专利权人在专利申请过程中根据专利审查员的意见对权利要求书进行了修改，将独立权利要求中的"可溶性钙剂"修改为"活性钙"，并非是为了使其专利申请具有新颖性或创造性，而是为了使其权利要求得到说明书的支持，故此修改不产生禁止反悔的效果。❶ 午时药业公司不服一审判决，向河北省高级人民法院提起上诉。二审驳回上诉，维持一审判决。

午时药业公司认为无论从尊重客观事实的角度，还是从禁止被申请人反悔以体现公平合理原则的角度，在本案中均不应认定两组分构成等同，因而向河北省高级人民法院申请再审。澳诺公司辩称该修改不适用禁止反悔原则。再审期间，《最高人民法院关于审理侵犯专利权纠纷案件应用法律若干问题的解释》于2009年12月21日由最高人民法院审判委员会第1480次会议通过，自2010年1月1日起施行。其中，第6条规定："专利申请人、专利权人在专利授权或者无效宣告程序中，通过对权利要求、说明书的修改或者意见陈述而放弃的技术方案，权利人在侵犯专利权纠纷案件中又将其纳入专利权保护范围的，人民法院不予支持。"因此，再审法院认为：关于权利要求1中记载的"活性钙"是否包含了"葡萄糖酸钙"的问题。涉案专利申请公开文本权利要求2以及说明书第2页明确记载，可溶性钙剂是"葡萄糖酸钙、氯化钙、乳酸钙、碳酸钙或活性钙"。可见，在专利申请公开文本中，葡萄糖酸钙和活性钙是并列的两种可溶性钙剂，葡萄糖酸钙并非活性钙的一种。此外，涉案专利申请公开文本说明书实施例1记载了以葡萄糖酸钙作为原料的技术方案，实施例2记载了以活性钙作为原料的技术方案，进一步说明了葡萄糖酸钙和活性钙是并列的特定钙原料，葡萄糖酸钙并非活性钙的一种。澳诺公司辩称：专利申请人在涉案专利的审批过程中，将"可溶性钙剂"修改为"活性钙"属于一种澄清性修改，修改后的活性钙包括了含葡萄糖酸钙在内的所有组分钙。然而，从涉案专利审批文档中可以看出，专利申请人进行上述修改是针对国家知识产权局认为深谙专利申请公开文本权利要求中"可溶性钙剂"保护范围过宽，在实质上得不到说明书支持的审查意见而进行的，同时，专利申请人在修改时的意见陈述中，并未说明活性钙包括了葡萄糖酸钙，故申请人认为涉案专利中的活性钙包含了葡萄糖酸钙的主张不能成立。

再审法院还认为：关于活性钙与葡萄糖酸钙是否等同问题。正如上述中对"活性钙"是否包含了"葡萄糖酸钙"所阐述的那样，专利权人在专利授权程序中对权利要求1所进行的修改，放弃了包含"葡萄糖酸钙"技术特征的技术方案。根据禁止反悔原则，专利申请人或者专利权人在专利授权或者无效宣告程序中，通过对权利要求、说明书的修改或者意见陈述而放弃的技术方案，

---

❶ 河北省石家庄市中级人民法院民事判决书（2006）石民五初字第00169号。

在专利侵权纠纷中不能将其纳入专利权的保护范围。因此，涉案专利权的保护范围不应包括"葡萄糖酸钙"技术特征的技术方案。被诉侵权产品的相应技术特征为葡萄糖酸钙，属于专利权人在专利授权程序中放弃的技术方案，不应当认为其与权利要求1中记载的"活性钙"技术特征等同而将其纳入专利权的保护范围。原审判决对禁止反悔原则理解有误，将二者认定为等同特征不当。最终撤销一审二审作出的判决，驳回澳诺公司的诉讼请求。❶

二、案例启示

从该案例的再审判决可以看出，后期侵权专利诉讼时，解释权利要求可以结合专利说明书中记载的技术内容以及权利要求书中记载的其他权利要求，确定该权利要求中技术术语的含义。专利权人在专利授权程序中通过对权利要求、说明书的修改或者意见陈述而放弃的技术方案，无论该修改或者意见陈述是否与专利的新颖性或者创造性有关，在侵犯专利权纠纷案件中均不能通过等同侵权将其纳入专利权的保护范围。该案例是一起新的专利侵权判定标准生效后的具有里程碑式意义的经典案例。实际上，如若反过来重新审视该案例的整个审批、诉讼程序，我们会发现其对专利申请文件的撰写或多或少有一定的启示。

申请人大多想要获得最大的保护范围，因此在撰写申请文件时通常在其实际作出的技术方案基础上概括出一个或多个较大范围的技术方案。有的申请人认为，即使该较大范围的技术方案得不到授权，对其余技术方案的范围也不会产生任何影响，其实不然，某些时候该上位概括的技术方案对下位的技术方案的范围会产生一定的影响，使得权利要求的范围缩小，从而损害专利权人的利益。

对于本案例，笔者在此假设，如果原始申请文件的说明书和权利要求书如下：

第一种情况：

权利要求1：一种防治钙质缺损的药物，其特征在于：它是由下述重量配比的原料制成的药剂：活性钙4～8份，葡萄糖酸锌0.1～0.4份，谷氨酰胺或谷氨酸0.8～1.2份。

说明书仅提供了"活性钙"配制药物的实施例。

第二种情况：

权利要求1：一种防治钙质缺损的药物，其特征在于：它是由下述重量配

---

❶最高人民法院民事判决书（2009）民提字第20号。

比的原料制成的药剂：可溶性钙剂4～8份，葡萄糖酸锌0.1～0.4份，谷氨酰胺或谷氨酸0.8～1.2份。

权利要求2：如权利要求1所述的一种防治钙质缺损的药物，其中可溶性钙剂为活性钙。

说明书仅提供了"活性钙"配制药物的实施例。

第三种情况：

权利要求1：一种防治钙质缺损的药物，其特征在于：它是由下述重量配比的原料制成的药剂：可溶性钙剂4～8份，葡萄糖酸锌0.1～0.4份，谷氨酰胺或谷氨酸0.8～1.2份。

权利要求2：如权利要求1所述的一种防治钙质缺损的药物，其中可溶性钙剂为葡萄糖酸钙、氯化钙、乳酸钙、碳酸钙或活性钙。

说明书仅提供了"活性钙"配制药物的实施例。

以上几种情况下，申请人均提供了"活性钙"配制药物的实施例，因此劳动付出相同，其中，第一种情况保护"活性钙"的技术方案，第二种情况保护"可溶性钙剂和活性钙"的技术方案，第三种情况保护"可溶性钙剂和葡萄糖酸钙、氯化钙、乳酸钙、碳酸钙或活性钙"的技术方案。那么，在劳动付出相同以及对于可溶性钙剂以及其他非活性钙的钙剂的技术方案，审查员会指出得不到说明书的支持的审查意见的前提条件下，按照上述三种情况撰写申请文件时，哪种最终的保护范围会更大呢？

笔者认为：在第一种情况下，由于申请人保护的组合物为实施例记载的原料组成，因此在专利授权程序中不会涉及对权利要求、说明书的修改或者意见陈述而放弃的技术方案，在侵犯专利权纠纷案件中可以适用等同侵权，保护范围最宽，其涵盖了活性钙及其等同技术方案。在第二种情况和第三种情况下，申请人对实施例记载的活性钙进行了上位概括和横向概括，但由于会在审查过程中指出可溶性钙剂和葡萄糖酸钙、氯化钙、乳酸钙、碳酸钙或活性钙得不到说明书的支持，因此在专利授权程序中很可能涉及对权利要求的修改或者意见陈述而放弃的技术方案，在侵犯专利权纠纷案件中无法适用等同侵权，而应适用禁止反悔原则，因而保护范围较窄，仅包含活性钙的技术方案，而不涵盖其等同技术方案。可见，某些时候该上位概括的技术方案对下位的技术方案的范围会产生一定的影响，使得权利要求的范围缩小。

当然，上述结论是在对于可溶性钙剂以及其他非活性钙的钙剂的技术方案，审查员会指出得不到说明书的支持的审查意见的前提条件下得出的，如果不存在该前提条件，则授权的保护范围是未知的，因此申请人或专利代理人应根据其对现有技术的了解以及技术领域的特定情况，确定最佳的撰写范围，使独立权利要求达到可以得到说明书的支持的程度。

对于药物领域来说，由于常常涉及药物剂量的概括范围问题，因此应根据说明书记载的内容尤其是实施例来概括权利要求的范围。例如：实施例记载了一种中药组合物的药效数据，由如下重量配比的原料药制备而成：桔梗30、何首乌40、芦根50、金银花20、黑芝麻30、枸杞子30、当归20。对于申请人来说，请求如下两种范围，哪种最有利呢？

第一种情况：

权利要求1：一种中药组合物，由如下重量配比的原料药制备而成：桔梗20～40、何首乌30～50、芦根40～60、金银花10～30、黑芝麻20～40、枸杞子20～40、当归10～30。

权利要求2：如权利要求1所述的中药组合物，其中重量配比为桔梗30、何首乌40、芦根50、金银花20、黑芝麻30、枸杞子30、当归20。

第二种情况：

权利要求1：一种中药组合物，由如下重量配比的原料药制备而成：桔梗1～300、何首乌1～400、芦根1～500、金银花1～200、黑芝麻1～300、枸杞子1～300、当归1～200。

权利要求2：如权利要求1所述的中药组合物，其中重量配比为桔梗30、何首乌40、芦根50、金银花20、黑芝麻30、枸杞子30、当归20。

从权利要求的保护范围来看，第二种情况明显大于第一种情况，貌似对申请人更有利。然而在专利审批过程中，由于第二种情况下各原料药的重量配比差别巨大，君臣佐使关系会因各原料药的重量配比不同而发生明显的改变，大多数审查员会指出权利要求1无法得到说明书的支持，仅会授予权利要求2专利权，无形中使申请人造成了损失。相反，对于第一种情况，各原料药的重量配比差别较小，与实施例中各原料药的重量配比相似，大多数审查员会认可权利要求1得到说明书的支持，最终授予权利要求1和2专利权。可见，使得权利要求可以得到说明书支持的概括才是对申请人最有利的，盲目地扩大权利要求的范围反而可能会带来不利的影响。

三、总　结

专利权人在专利授权程序中通过对权利要求、说明书的修改或者意见陈述而放弃的技术方案，无论该修改或者意见陈述是否与专利的新颖性或者创造性有关，在侵犯专利权纠纷案件中均不能通过等同侵权将其纳入专利权的保护范围。因此，在撰写申请文件时，独立权利要求的范围并非越大越好，其应达到可以得到说明书的支持的程度,以免在专利审查过程中的修改而缩小从属权利要求的保护范围。对于药物领域来说,由于常常涉及药物剂量的概括范围问题,因此应根据说明书记载的内容尤其是实施例来概括权利要求的范围,这对于申请人和专利代理人在撰写申请文件时提供了一定的参考价值。

从无效诉讼案例看化工领域专利申请权利要求的概括技巧

邢维伟[*] 刘彦明[*]

【摘 要】

本文从一则无效诉讼案例出发，多方面探讨了权利要求的概括技巧。对权利要求的保护范围如何进行考虑和限定，对说明书公开的程度尤其是实验数据的分布与取舍给出了建议，并对后续程序中容易出现问题的细节进行了介绍。

【关键词】

权利要求　化工方法　范围　无效

一、前　言

权利要求书是对所保护的技术方案给出范围限定的正式法律文件，也是审查过程中发明能否获批的审查重点，更是在侵权判定中作出判断的直接法律依据。因此，权利要求技术方案的撰写质量直接影响审查结果和未来授权专利的稳定性。[❶]

在以往和目前实施的《专利法》中，权利要求撰写不规范一直是审查操作最常见的问题之一；在化工领域，权利要求概括不恰当也是导致驳回的最常见原因之一。根据审查业务部门的统计数据，在2010年1月至2013年1月期间，被指出权利要求概括问题（包括保护范围不清楚在内）的案件比例多达60%以上，其中2012年被指出存在该问题的案件比例更是多达近75%，在各种实质性审查条款中出现频率最高。

---

[*] 作者单位：国家知识产权局专利局化学发明审查部。
[❶] 杨风云. 从无效角度看专利申请文件的撰写 [J]. 中国发明与专利, 2008 (12).

本文根据《专利法》及《专利法实施细则》的规定，结合化工领域一则无效诉讼案例详细论述了权利要求保护范围撰写的法律要求和概括技巧。

二、案情介绍[1]

（1）专利号：98112498.4。

（2）本专利授权权利要求：

氨基甲酸酯类化合物的精制方法，其特征在于：

将式（Ⅰ）$\mathrm{RO-\overset{\overset{O}{\|}}{C}-N{<}{R_1 \atop R_2}}$
（Ⅰ）

R_1 与 R_2 可以相同也可以不同，分别为烷基或—H，R_3、R_4 分别为—H、C_1—C_4 的烷基或烷氧基的化合物溶解到有机溶剂与水的混合溶剂中，有机溶剂与水的配比（重量比）为 1.0∶1.2～3.0，氨基甲酸酯类化合物粗品与混合溶剂重量比为 1∶1.14～3.5，溶解温度为 30℃～100℃，冷却温度为 0～20℃，所用有机溶剂是水溶性好的甲醇、乙醇、丙醇、异丙醇、烯丙醇、叔丁醇、丙酮、乙腈、四氢呋喃、二恶烷、二甲基甲酰胺任选一种有机溶剂与水混合，在加热下搅拌使之溶解，再冷却析出结晶，经过滤、干燥后获得纯品。

（3）无效理由：

请求人认为该专利权利要求得不到说明书支持的理由主要包括如下几个方面：①式（Ⅰ）化合物中取代基 R、R_1、R_2、R_3、R_4 的概括范围；②待提纯的式（Ⅰ）氨基甲酸酯类化合物的纯度；③混合物溶剂的成分及其比例；④溶解温度与冷却温度范围；⑤式（Ⅰ）氨基甲酸酯化合物与混合溶剂的重量比。

（4）抗辩理由：

专利权人认为，本专利权利要求取代基 R 定义为五种基团，这是根据科学实验确定的，实验证明本专利方法只适用于这五种基团表示的固体状氨基甲酸酯类化合物，而且权利要求中所述的 11 种有机溶剂物化性质接近，本领域技术人员很容易实现本专利的技术方案。

（5）结论：

①专利复审委员会合议组认为，对于式（Ⅰ）化合物中的取代基 R 而言，该专利说明书中仅仅实施了其中的两种类型，而未给出 R 为另外三种基团的

---

[1] 专利复审委员会无效宣告请求审查决定第 17890 号。

实施例；此外，对于重结晶所用的混合溶剂，该专利说明书中也仅仅给出了采用乙醇和水的混合溶剂的实施例，而未给出权利要求1中所述采用譬如乙腈、四氢呋喃、二恶烷或二甲基甲酰胺等与水混合的实施例。由于另外三个取代基取代时的结构与实施例的结构差异很大，一些有机溶剂与实施例中所采用的乙醇的物化性质差别也比较大，因此本领域技术人员难于预测该专利权利要求所概括的所有的式（Ⅰ）化合物均可在所述的任意混合溶剂中进行重结晶从而实现该专利的发明目的。

②专利权人所述的科学实验并没有记载在该专利的说明书中，不能作为判断该专利权利要求能否得到说明书支持的依据，而且专利权人所述的11种有机溶剂物化性质相近的观点也不成立。

综上所述，该专利权利要求的技术方案包含了申请人推测并且效果难于预先确定和评价的内容，得不到说明书的支持。

三、案例引发的思考和总结

该案例为一个非常典型的案例，从权利要求的限定来看，经过实质审查，已经限定得较为具体。即使对审查员来说，也不会预期到被诉无效的问题。那么，如何概括权利要求，才能既保证保护范围，又能降低被诉无效的风险呢。下面结合上述案例给出的启示，在化工领域说明书实验数据布局的基础上，浅谈一下权利要求撰写的若干概括技巧。

（一）独立权利要求要求和从属权利要求的合理布局

1. 充分利用不同类型权利要求的功能

权利要求书包括独立权利要求和从属权利要求。独立权利要求从整体上反映发明或实用新型的技术方案，记载解决技术问题的必要技术特征。在一件专利申请的权利要求书中，独立权利要求所限定的保护范围最宽。

从属权利要求则用附加的技术特征对所引用的权利要求作进一步的限定，可以引用独立权利要求，也可以进一步地引用从属权利要求。附加技术特征，可以是对所引用的权利要求作进一步限定的技术特征，也可以是增加的技术特征。❶

独立权利要求及其从属权利要求的功能在于对范围进行层层分割，从而对权利进行细化归纳，若归纳合适，可以最大限度地保护申请人的权利，若归纳

---

❶参见《专利审查指南2010》第二部分第二章第3节。

不合适，则不能有效保护申请人的发明。

上面的案例可以看出，权利要求的概括较为简单，仅仅由两个权利要求构成，从属权利要求2以增加的技术特征对权利要求1进行了限定，而没有用进一步限定的技术特征进行限定，这样限定的权利要求保护范围简单，保护效力薄弱，一旦一个权利要求由于其中存在瑕疵被提出无效，就会全军覆没。上面的案例就是由于权利要求1没有得到说明书支持，同时从属权利要求也没有对其中的实质内容进行限定，最终导致了说明书没有得到有效的保护。

2. 重视从属权利要求的层化归纳，规避"二次概括"

"二次概括"，指的是申请人在审查过程中基于说明书公开的内容重新概括出更窄的或更合理的保护范围。按照目前的审查标准，这种做法是不予接受的。这种严格的要求使得权利要求的概括提高了难度。更糟糕的是，即使审查员一时疏忽给予授权，那种这种"二次概括"的方案在面临无效宣告时也几乎无解。

针对这种问题，除了在原始权利要求中概括一个合理的范围之外，细化从属权利要求保护范围的归纳尤为重要。

具体操作方法，可以在说明书中使用多个"优选"、"例如"对范围层层概括，构建一系列范围递减的技术方案，直至最优范围甚至具体产品或数值，从而有利于支持从属权利要求。

一般来说，从属权利要求保护范围除了层层变窄地细化之外，引用关系的逻辑性也很重要。具体地说，从属权利要求不建议仅仅引用一个独立权利要求，而是尽可能地以"金字塔式"层层递进的逻辑关系引用在前的从属权利要求，从而确保权利要求的稳定性和全面覆盖性。

另外，这样做的另一个优势是，克服独立权利要求支持性、创造性等实质缺陷时无需限定到具体实施例的范围，即使缩小了范围，但仍保留了侵权诉讼中一定范围的等同技术方案。

（二）重视化工领域说明书实验数据的布局层次

《专利审查指南2010》规定，权利要求通常由说明书记载的一个或者多个实施方式或实施例概括而成，因此实施例是权利要求的概括基础。所谓"技"源于"基"，对于医药和化工发明领域这种属于实验科学的领域，需要以事实和数据为依据说明发明取得的技术效果，这个"基"指的就是足够数量的具有代表性的实验数据。

实际上，在审查操作和后续程序中，除了支持性，试验数据还涉及充分公开、创造性等重要实质性条款。鉴于《专利法》对于试验数据的要求比欧洲、美国、日本等主要国家和地区的要求都要严格，且几乎不接受申请人后续补交的实验数据，因此，在权利要求撰写之前，需对试验数据的布局予以高度重视。

那么，如何构建化工领域试验数据的层次性布局呢？其基础是依据说明书要解决的技术问题尤其是技术效果，并假定文本可能存在的实质缺陷，重视对大量的实验数据进行定性和定量取舍，使其既不繁冗重复，又无严重漏洞，从而达到合理配置的优化效果。下面给出几点实验数据取舍的建议。

1. 实验数据的定性取舍

（1）取"无关效果数据"。目前，很多申请人只关注自身申请技术方案相关的数据。因此，这里的"无关效果数据"，指的与发明看似无关的现有技术中的效果数据，其重要性往往被忽略。

例如，针对审查员可能指出不具备创造性的缺陷，申请人除了给出自身技术方案必要的实验数据，可增加最接近现有技术方案的对比试验数据，以证实本申请的有益技术效果。这一点十分重要，因为在目前的审查操作中，对在申请日后提交的证明技术效果的实验数据或效果实施例接受程度极低。当然，确定最接近的现有技术，需要事先经过充分检索，否则，对于非"最接近的现有技术"的对比数据，将不具备充分的说服力，徒劳无功。

（2）舍"非正常数据"。本领域公知，化工类发明往往涉及大量的实施例和效果数据，其中不乏不符合规律的"异常数据"，甚至对发明的创造性、支持性或技术效果产生负面影响。目前已有因为这些数据导致发明被无效的案例。因此，这些数据的取舍已经成了难以处理的棘手问题。除了上述无效诉讼案例，下面列举另一种常见的存在"非正常数据"例子。

【案例1】

某一类芳基衍生物的制备方法，反应物特定位置的取代基为 C_1—C_6 碳原子数的烷基、烷氧基。说明书中公开了几乎全部的烷基、烷氧基实施例，但是长链烷基也只有直链时反应能够顺利进行，烷氧基仅有甲氧基一个实施例能够使得反应有一定收率，其他取代基的产物收率极低，甚至近乎零。也就是说，其中存在少数实施例表明其技术方案不能达到预期的技术效果，成为典型的负面实施例。根据《专利审查指南2010》规定，如果说明书中公开的部分实施例或实施方式不能达到发明目的或发明效果，却被概括进权利要求，则应当认为该权利要求得不到说明书的支持。于是该申请最终被驳回。

面对这种情况，在申请撰写时，固然可以将非正常数据忽略，从而暂时解决了不支持问题，但也给后续程序埋下了隐患。例如，请求人对某些数据范围的技术方案提出不可实施的无效诉讼时，这些"非正常数据"将影响正常数据甚至连累整个发明的专利稳定性。正确的做法是，应当至少保证在从属权利要求中合理概括那些能够实施的方案，排除即使非常接近但是很难或不能实施的方案。

2. 实验数据的定量取舍

在大量相似的实验数据定量选择，这是化工领域最常见的实施例概括类型，其常用的"端点—中值—端点"的三点式定量概括技巧也能满足绝大数权利要求的概括要求。

但是，值得注意的是，对于实验性学科，如本文所述的无效诉法案例，无论是温度等数值还是化学取代基团的概括，由于归纳法本身具有不确定性，因此审查员几乎可以对任何概括出来的范围进行质疑，例如指出"无法预料该上位概括内的所有数值或范围均能解决发明所要解决的技术问题，并达到相同的技术效果"。

存在无法预料的因素，这是归纳法本身的逻辑属性。如何尽量避免这个问题，选择合适的数据一直是申请人面临的难题之一。《专利审查指南 2010》中一句笼统的"权利要求书应当以说明书为依据"对"取"显然缺乏操作性。但是，《专利审查指南 2010》给出了"舍"的标准："权利要求的概括不能包含申请人推测并且效果难以预先确定的内容。"

由于化工领域的实验学科属性，由此可得出确定化工领域实验数据的主要选择依据："实验"和"可预期性"。也就是说，在确定发明解决的技术问题前提下，基于给定的实验数据，作出可预期的适当外延；当然，越多的实验数据，可预期的外延越多，范围重复性越大；重复性越强的外延归纳组合，越能得到支持。反之，不可预期性的推测比重越大，其能得到支持的可能性越小。

在实验数据的合理布局基础上，接下来的权利要求概括也相对容易并且合理。

（三）独立权利要求中技术特征的"必要"和"非必要"筛选

在审查程序和后续程序中，独立权利要求缺少必要技术特征，不仅导致权利要求得不到说明书支持，而且容易给"选择发明"留下可趁之机，这是因为独立权利要求中的所有技术特征，在侵权诉讼中均视为必要的技术特征。相反，独权存在非必要技术特征，则保护范围必然变小，给维权带来困难。

【案例2】

某生产工艺的独立权利要求中有某种贵金属催化剂，按照目前的判断标准，该贵金属催化剂出现在独立权利要求中，其必然是技术方案的必要技术特征。申请人后来陈述，实际上有无催化剂的技术效果区别并不明显，因此删除该特征，保护权利要求保护范围扩大，该案最终被驳回。

对上面的案例来说，即使含有催化剂的专利得以授权，一旦竞争对手采取不含催化剂的相似工艺，也无法维权。根据侵权判定的"全面覆盖"原则和多余指定原则，即使通过等同侵权诉讼，专利权人也难以获取法院支持。

因此，独立权利要求对特征的筛选尤其重要。那么，如何筛选非必要技术特征和必要技术特征呢？

根据目前的《专利法实施细则》的规定，独立权利要求的技术方案只要能够解决其技术问题、达到发明目的即可，在实现这个结果的前提下，其包含的最少技术特征组合即是所有的必要技术特征。

另外，当要解决的技术问题并非唯一时，则需要确定最核心的对现有技术作出最大贡献的改进，即通常说的"发明点"。化工领域主题经常涉及"系统"、"工艺"、"装置"这种整体性方案，但不管其解决了多少个技术问题，取得多少有益效果，其发明点大多在于其中某一部分或某项装置的改进，当然也偶尔存在某两项普通装置组合来完成某个功能并产生突出效果的个例。在这种情况下，独立权利要求应当以区别技术特征的形式突出该必要技术特征，例如"一种生产……的装置，其特征在于，其中某装置为……"并在从权中进一步保护包含该局部装置改进的整体系统。

（四）权利要求概括中其他常见的问题及建议

1. 勿盲目效仿国外PCT专利的权利要求撰写方式

目前，国内申请人对权利要求的撰写越来越国际化，其主要目的是扩大保护范围，从而使得范围愈来愈宽。但是，国外专利，尤其是美国专利的撰写方式与国内有着根本的区别，其通常采用"周边撰写法"，即尽量可能地外延发明的技术方案，从而扩大保护范围。

国外专利的这种撰写方式一方面受先申请原则的影响，例如，在美国可以在缺乏足够数据支持的基础上先行提交申请文件，划定较大的保护范围，并且在此之后也可根据实验进展逐步修改保护范围；另一方面，国外对于支持性的审查标准远不如中国《专利法》严格，其修改的回旋余地也较大。而根据《专利法》的严格规定，权利要求的归纳更适合采用从核心往外周的"核心撰写法"，即在实施例为核心的基础上适当概括。

2. 应当充分利用"模糊术语"的自由定义权

在审查实践中，不规范术语导致不清楚问题，在无法通过意见陈述克服的前提下，容易导致专利申请被驳回，或丧失应有的较宽保护范围。

【案例3】

例如权利要求中出现"低级烷基"。在化学领域中，"低级"碳原子数没有准确定义，既可以指 C_1—C_3，也可以指 C_1—C_4 甚至 C_6。那么，除了在权利要求撰写阶段避免出现类似术语之外，如果出现此类问题，如何在不缩小保护范围的修改前提下向审查员提供有利陈述呢？这时，申请人充分利用说明书中对"模糊术语"的定义权就显得相当重要。

根据 2009 年 12 月 21 日最高人民法院审判委员会第 1480 次会议通过的《最高人民法院关于审理侵犯专利权纠纷案件应用法律若干问题的解释》（法释（2009）21 号）的规定，侵权诉讼时"内部证据优于外部证据"，具体地说：法院可以运用说明书及附图、专利审查档案（如意见陈述书）对权利要求进行解释；说明书对权利要求用语有特别界定的，以该特别界定为准。也就是说，在面临某一术语在工具书、教科书等文献或公知常识中具有不同含义的难题时，这一解释赋予申请人对术语的自由定义权。

因此，对于上述"低级"用语，说明书里可以限定"低级烷基"指的是含有 1~6 个碳原子，还可以通过"优选"进行多层次细化定义，如优选含有 1~4 个碳原子。这样操作的另一个好处是，如果审查员继续以不支持指出含有 6 个碳原子范围过宽，那么还可依据说明书将"低级"退一步修改为"C_1—C_4"，从而不仅避免保护范围限定到具体化合物，也达到了以说明书为依据的要求。类似的术语还有低温、高温等，均可用类似的定义方法。

当然，该权利滥用也会带来后续的麻烦，毕竟，对本领域中清楚术语赋予新的含义，会与公知定义混淆，不利于本领域技术人员对其公开文本的准确解读。

四、结　语

由于化工领域特有的结合化学和机械的复杂性，此类专利申请的权利要求撰写方式类似于化学和机械领域，又区别于化学和机械领域。希望通过本文，能够帮助申请人关注权利要求概括技巧和在后续程序中容易出现问题的细节，从而在概括权利要求时更具有针对性，在后续程序中更有效地运用专利保护手段维护自身利益。

创造性问题须未雨绸缪
——在撰写中夯实创造性根基

刘海罗[*]

【摘　要】

　　创造性问题是目前专利申请中最常遇到的问题之一，并且随着专利审查标准的调整，其在审查意见通知书中出现的概率也成明显上升趋势，这对申请人和专利代理人答复创造性相关的审查意见的能力提出了更高的要求。

　　对创造性问题答复的能力固然重要，毕竟也是基于已经成形的申请文件；如果能够在申请文件的撰写中注意一些问题，提高撰写的质量，未雨绸缪，防患于未然，有可能会起到事半功倍的作用。反之，如果在撰写中疏忽大意，则有可能给本来具备创造性的发明的授权前景蒙上阴影。本文以化工领域的专利申请为例，对撰写时的一些值得注意的问题进行了初步的探讨和分析，并提供了相应的对策和建议。

【关键词】

　　申请文件撰写　化工领域　创造性　探讨　建议

一、引　言

　　科学技术的进步离不开前人的研究和积累，发明创造亦非无源之水，无本之木。即便是天才如牛顿，也说他之所以看得比别人远些，是因为站在巨人的肩膀上。

　　而按照现行的《专利法》规定：创造性，是指与现有技术相比，该发明具有突出的实质性特点和显著的进步。并且《专利审查指南2010》第二部分

---

[*] 作者单位：中国国际贸易促进委员会专利商标事务所。

第四章第2.2节中对突出的实质性特点作了进一步的解释,"发明有突出的实质性特点,是指对所属技术领域的技术人员来说,发明相对于现有技术是非显而易见的。"❶

这并不矛盾。发明源于现有技术但是高于现有技术,如同"艺术源于生活而高于生活"。

化工领域与国民经济以及人们的生产生活密切相关,其重要性不言而喻,并且化工领域的发明涉及面广、专业性强。因此,在申请文件撰写中将化工领域的技术特点与《专利法》第22条第3款深入地结合起来,对于适当地凸显发明的创造性,获得有效的专利保护,乃至促进化工产业的创新和发展,具有重要意义。

下面通过具体的案例,对化工领域申请文件撰写中需要注意的问题进行初步探讨和分析。在此说明的是,这些案例均来自于笔者在实际工作中遇到的真实案例,出于某些考虑,笔者在此进行了不同程度的改写。

二、化合物类申请:把握研究思路的公开尺度

申请文件撰写与写学术论文是有所区别的,特别应注意研究思路阐述的尺度对于创造性的影响。

【案例1】

想保护的技术方案:一种缀合物A,其由多肽B和与之连接的化合物C构成。

发明人的研究思路:多肽B和化合物C均属于同一领域的现有技术。多肽B本身有很多个可供连接的位点。发明人通过预测软件,筛选得到了多肽B上的20个位点,其可能会有不错的技术效果;发明人进一步通过实验,从20个位点中筛选得到了一个位点,其效果最佳。由此完成了发明。

这个思路是非常顺理成章的,但是如果按照这个思路撰写实施例,是否将来会遇到审查员对于创造性的质疑:预测软件是本领域人员常用的工具,从20个候选位点中经过有限次的实验筛选得到最佳位点。

假如采用如下的思路撰写实施例:直接将多肽B与化合物C在最佳位点连接得到缀合物A,并且进一步实验验证,在该位点的技术效果最好。同时可以采用其他位点的数据作为对照。

---

❶中华人民共和国国家知识产权局.专利审查指南2010 [M].北京:知识产权出版社,2010:170.

目前创造性的审查实践，似乎更多地着力于"突出的实质性特点"而非"显著的进步"（部分原因可能是：有些时候说明书记载的实验数据与对比文件的数据难以在同一个水平上进行比较；而单独提交的验证数据往往又不被认可）。发明有突出的实质性特点，是指对所属技术领域的技术人员来说，发明相对于现有技术是非显而易见的。阐明发明的研究思路和来龙去脉有利于审查员理解技术方案，却可能有损于发明的创造性。

由上述的【案例1】可见，发明人的研究思路是否应该写入申请文件值得商榷，至少应该具体情况具体分析。在不影响公开充分的情况下，无需对研究思路过多着墨。发明要的就是非显而易见，如同发现苯环结构的故事：

当时有机化学家们遇上了一道难题：人们从煤焦油中提取出一种有芳香气味的液体，叫做苯。苯的结构非常怪。一个苯分子含有6个碳原子和6个氢原子。碳的化合价是4价，一个碳原子应该和4个氢原子化合才对，而苯怎么会是6个碳原子和6个氢原子的化合物呢？

德国化学家凯库勒也对此进行了不懈的研究。并且由于长期研究苯分子的结构，他已经疲惫不堪。他早已经测定清楚，苯分子是由6个碳原子和6个氢原子组成。那么，这6个氢和6个碳的原子又是以什么样的方式组合起来的呢？化学家后来在梦中梦到了6条首尾衔接的蛇……

三、生物类申请：慎重阐述技术理论

严格地说，生物类的申请特别是功能基因或功能蛋白类的申请，也是一种化合物，但又有其自身的特点，发明内容撰写中的不恰当的理论有时可能导致创造性的削弱。

【案例2】

想保护的技术方案：

（1）一种分离的多肽，其氨基酸序列如SEQ ID NO：1所示；

（2）在SEQ ID NO：1所示的氨基酸序列中经过取代、缺失或添加一个或几个氨基酸且具有酶A活性的由SEQ ID NO：1衍生的多肽。

按照《专利审查指南2010》的规定，如果说明书仅记载了（1）中多肽的制备和活性数据，而没有记载其突变体即（2）中多肽的制备和活性数据，则说明书可能涉及公开不充分。

事实上，对于（1）中多肽的微小变化，很可能保持原有的活性。如果想得到更大的针对氨基酸序列的保护范围，例如一个或者几个氨基酸改变后仍保持原有的生物学活性的多肽，当然最好的是提供实验数据。但是，一般情况下，发明人并没有相关的实验数据，并且如果补做相关实验会花费较大的人力物力，并且耗费较长的周期。

专利代理人通常会在说明书中描述大小和性质类似的氨基酸的取代是本领域人员能够预料到的，得到的多肽仍会具有原来的活性，例如在说明书中补充如下的理论：

"不拘于理论的限制，保守性取代的例子是在碱性氨基酸（精氨酸、赖氨酸和组氨酸）、酸性氨基酸（谷氨酸和天冬氨酸）、极性氨基酸（谷氨酰胺和天冬酰胺）、疏水氨基酸（亮氨酸、异亮氨酸和缬氨酸）、形状相似的氨基酸（精氨酸和丝氨酸之间）、与半胱氨酸密码子相差一个碱基的氨基酸（半胱氨酸、精氨酸、丝氨酸、色氨酸、甘氨酸、酪氨酸和苯丙氨酸）、芳香族氨基酸（苯丙氨酸、色氨酸和酪氨酸）和小氨基酸（甘氨酸、丙氨酸、丝氨酸、苏氨酸和甲硫氨酸）内进行的取代。通常不会改变特异活性的氨基酸取代是本领域已知的，并且由例如 H. Neurath 和 R. L. Hill，1979，在《蛋白质》一书，Academic Press，New York 中描述过。最常见的替换是 Ala/Ser，Val/Ile，Asp/Glu，Thr/Ser，Ala/Gly，Ala/Thr，Ser/Asn，Ala/Val，Ser/Gly，Arg/Ser，Cys/Ser，Arg/Cys，Arg/Ala，Tyr/Phe，Ala/Pro，Lys/Arg，Asp/Asn，Leu/Ile，Leu/Val，Ala/Glu 和 Asp/Gly 等以及反向进行的替换。"

但是，类似于一柄双刃剑，上述理论涉及极性或形状类似的氨基酸的替换，其目的是为了支持更大的保护范围，但是也会带来某种程度上的不利：假设审查员检索到一段氨基酸序列（特别是在研究较热的领域，可能性很大），其与该发明的 SEQ ID NO：1 的序列差异属于上面所述的极性或形状类似的氨基酸的替换，审查员可能会根据上述理论，对原先的多肽即 SEQ ID NO：1 的创造性提出质疑。

另外，假如发明人公开日之后对原始的多肽序列进行了突变改造，得到了具有良好甚至更好的技术效果的新的肽段，上面的描述甚至可能影响申请人在后申请的创造性。但是，如果考虑到同行的竞争，上面的描述也不失为一种破坏他人在后申请创造性的策略。

因此，在争取较大的保护范围和突出发明的创造性之间，有时需要专利代理人准确地把握平衡，掌握尺度。

四、组合物类申请：合理确定保护范围的梯度

前面所举例的化合物类或生物类申请一般都是发现了新的物质，只要不是公开不充分，一般情况下都能获得授权，只是授权的范围或大或小的问题。

组合物类的创造性就艰难得多了。特别是主药成分已知，辅料常用；或者几种组分均属本领域常用的情况。包含多种成分的中药处方的创造性则相对高一点。

所以，创造性的挖掘和层次布局，需要专利代理人付出很多努力。其中一个常用的策略是保护范围的多层次性，例如：优选的是、更优选的是、进一步优选的是、特别优选的是、最优选的是……但是这也会带来一些问题。

【案例3】

想保护的技术方案：

一种药物组合物，包含主药 A、辅料 B 以及辅料 C，其特征在于，以重量百分比计算，辅料 C 的含量为 1%～90%，优选为 10%～80%，更优选为 20%～70%（例如 20%～40%、40%～50%、50%～70%），进一步优选为 30%～60%，特别优选为 40%～50%，最优选为 45%。

采用上述撰写形式的目的是：既想获得较大的保护范围，又为将来可能遇到的创造性（甚至新颖性）问题留好退路。并且这种写法也是外到内的申请中经常见到的。

审查员检索到对比文件 1，公开了一种药物组合物，包含主药 A、辅料 B 以及辅料 C，其特征在于，以重量百分比计算，辅料 C 的含量为 45%。

这时候，专利代理人考虑的一个思路是将辅料 C 的含量限定为 20%～40% 或者 50%～70%，以与对比文件 1 区别开来。并且这样的修改也没有超出原申请记载的范围。

问题则在于，该申请记载的辅料 C 的含量是进一步优选为 30%～60%，特别优选为 40%～50%，最优选为 45%。这样一来，很难争辩辅料 C 的含量限定为 20%～40% 或者 50%～70% 的技术效果优于对比文件 1 或者与对比文件 1 取得了基本相同的技术效果。

另外，如果该申请的实施例同时也体现出辅料 C 的含量限定为 20%～40% 或者 50%～70% 时的技术效果逊于 45%，将增大创造性的争辩难度。

五、创造性问题在撰写中应当注意的情况和建议

（1）掌握好研究思路公开的尺度，同时防止导致公开不充分。

与撰写学术论文不同，在不影响公开充分的前提下，应该着力突出发明创造的"突出的实质性特点"即突出"发明相对于现有技术是非显而易见的"，并注意完善实施例中的对比实验数据。防止不恰当的研究思路的铺陈对创造性的削弱。

（2）合理概括保护范围大小，防止盲目追求大的保护范围对创造性产生不利影响。

生物技术属于快速发展的领域，并且由于生命活动的复杂性，其具有一定的特殊性，技术效果的可预测性较低，所以说明书实施例和实验数据处于突出的重要地位。❶ 应该针对所要求保护的范围，提供尽可能多的实施例，以及验证其技术效果的实验数据，并且在此基础上进行合理的概括。

在申请文件的撰写阶段，合理的上位概括至关重要。如果一项权利要求请求保护的技术方案中涵盖了说明书充分公开的实施方式的所有等同替代方式或明显变型方式，且这些方式都能够解决相同的技术问题，并具有相同或相近的技术效果，则该权利要求的概括是合理的。❷ 如果概括失当，除了不支持的情况外，有时对于创造性也会产生不利影响。

（3）注意保护范围梯度的层次性对创造性的影响。

范围梯度的层次性本来的目的是在实质审查阶段的修改中进退有据，不至于由较大的范围一步退至实施例的一个点。但是，不恰当的保护范围层次以及实施例布局会束缚答复审查意见中的对于技术效果的争辩空间和灵活度。

---

❶尹昕：生物领域中对权利要求能否得到说明书支持的判断［N］.中国知识产权报，2012-06-06.
❷中华人民共和国国家知识产权局.审查操作规程·实质审查分册［M］.2版.北京：知识产权出版社，2011：30.

常规药物制剂专利申请文件撰写缺陷和创造性答复误区

王 菲* 田小藕* 李渥冰*

【摘 要】

我国主要以仿制药为主，常规药物制剂在医药市场上占据重要一席，然而，笔者以常规片剂为例，对2007~2009年申请的片剂专利进行分析，发现常规药物制剂申请获得专利权的比例较低，申请视撤或被驳回最主要的原因为不具备创造性。除产品确实创造性较低外，发明申请拿不到专利权的原因还有申请文件撰写的缺陷和答复不具备创造性的审查意见误区。笔者从专利审查角度对常规药物制剂申请中的撰写缺陷和答复误区提出一些想法。

【关键词】

仿制药 常规制剂 撰写缺陷 答复误区 创造性

一、引 言

药品专利是医药企业抢占市场和保护市场的利器，近年来全球将有上百种重量级的专利药先后到期[1][2]，医药领域将进入专利药到期潮，以仿制药为主的中国医药企业[3]将迎来利用失去保护的专利技术的好时机，化合物药物到期将大大降低仿制药企的研发成本，虽然大多数医药外企在化合物到期前已经进

---

* 作者单位：国家知识产权局专利局专利审查协作北京中心。

[1] John Carroll. Patent Cliff Ⅱ: Nightmare on blockbuster street returns in 2015 [EB/OL]. [2013-01-31] http://www.fiercepharma.com/story/patent-cliff-ii-nightmare-blockbuster-street-returns-2015/2013-01-31? utm_source=rss&utm_medium=rss.

[2] 王宁玲. 谁是专利药到期潮的受益者 [J]. 法人，2013 (6).

[3] 崔业金，等. 国产药物97%属于仿制 [N]. 珠海特区报，2010-01-30 (002).

行了外围专利的布局❶❷,其中包括大量的药物制剂专利,但化合物的到期将降低仿制企业绕过药品专利的壁垒,其最有效的方式是进行制剂创新、新剂型的开发、传统剂型的优化,辅料的优化将成为以仿制为主的药企行之有效的避绕方式。同时,中国仿制药企若想在化学药物领域分得一杯羹,需要利用制剂专利这一利器,开拓市场时充当"利枪",保护企业利益时筑起"盾牌"❸。

诚然,不可否认新型药物递送系统,如靶向制剂,纳米制剂构成制剂专利技术发展的新态势❹,虽然,新剂型申请授权率会高一些,但这些制剂的研发成本高,多数新制剂还停留在研究阶段,若要将新制剂大批地实现产业化,中国药企还有很长的路要走。常规药物制剂相对研发周期短,成本较低,医药市场流通的产品仍以常规的片剂、胶囊、注射液等剂型为主,同时,也正是由于其研发相对容易,其很难具备较高的创造性高度。但事实上,常规药物剂型专利权的取得对医药企业来说存在的价值并不比新剂型要低,甚至有更大的经济价值,那如何制定常规剂型的研发方向,如何用专利保护常规的剂型,如何撰写这类专利申请,如何答复审查意见,将成为摆在医药企业面前的问题。

二、常规药剂发明专利授权情况分析

常规制剂(如片剂、丸剂、胶囊等)由于发明点较低,往往很难拿到专利。笔者以常规片剂(即不包括缓控释等新剂型的片剂)为例,对2007年、2008年和2009年涉及常规片剂(即主分类号为A61K 9/20,发明名称中含有"片")的发明专利申请(2010年以后的申请有部分仍处于审查状态,不便于整体分析)的权利存在情况进行了分析,结果如图1所示。笔者发现,2007~2009年的专利申请,迄今为止的授权率仅分别为25.0%、26.4%和32.7%,明显低于医药行业的整体授权率。2007~2009年未授权的申请中,28%未入实质审查,59%因为创造性视撤或被驳回,5%因为同时具有新颖性或创造性的问题而没有获得权利,其他原因仅占8%(参见图2)。在所分析的未取得专利权的样本中,有累计64%的案件由于不具备创造性而未拿到专利权。诚然,不排除一些案件确实由于创造性过低,不具备授予专利权的实质性内容,但不可否认,仍有部分发明专利申请是由于前期的撰写失误和后期创造性答辩不得

---

❶袁晴. 如何延长专利药物的保护期 [EB/OL]. [2012-01-06]. http://www.cnipr.com/news/ywdd/201201/t20120106_140466.html.

❷❸王宁玲. 谁是专利药到期潮的受益者 [J]. 法人, 2013 (6).

❹孟繁敏, 等. 浅谈近十年国内外靶向制剂、纳米制剂的专利技术发展态势 [J]. 专利文献研究, 2012 (3): 50-56.

失去授权可能的。笔者对上述 2007~2009 年发明专利申请的撰写情况进行了分析，总结了未获得专利权或获得的权利范围较小的专利中存在的撰写缺陷和答复误区，并对共性问题进行归纳总结，在此提出，以供申请人和/或专利代理人参考。

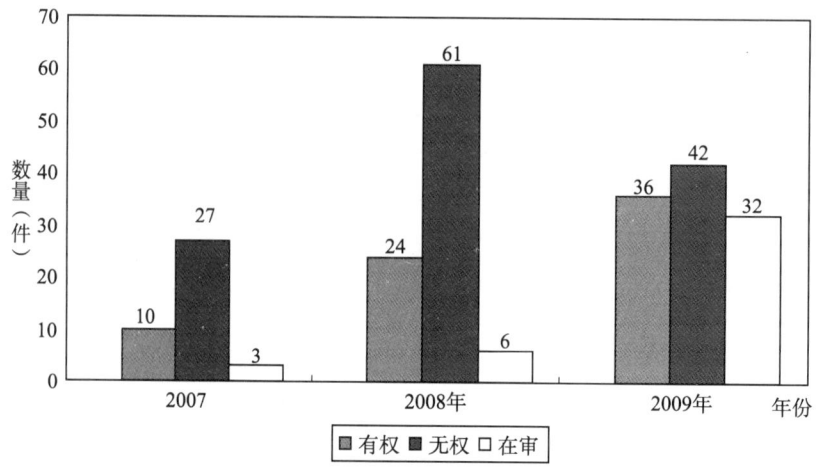

图1　常规片剂发明专利权利情况

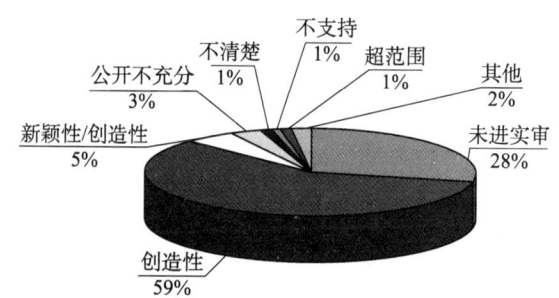

图2　2007~2009 年未授权专利原因分析

三、常规制剂发明的撰写中的问题

常规药物制剂的开发往往是通过优化设计实验完成的，通常有标准的程序和常规的方法，而当活性成分确定后，可选择的药用辅料种类往往是公知的，研发者通常通过常规的处方设计实验即可筛选出优选的处方（即辅料的具体种类和用量），即研发出新的制剂。仍以常规片剂为例，通常只要通过选用筛选出的填充剂、润滑剂、粘合剂等辅料，并按一定比例与药物混合，经制粒、整粒、压片等常规工序即可获得片剂。这样一个过程为本领域的公知常识，通常不具有突出的实质性特点，但是某些时候，即便是常规的工艺过程，也可能由于药物理化性质的特殊性，需要克服某些技术困难；或者通过常规辅料及含量的优化选择，完成有着预料不到的技术效果的选择发明。换言之，本领域技术人员不能由于该领域普遍较低的创造性而否定部分具有闪光点的发明申请的权利空间，研发过程中发现的任何让人眼前一亮的闪光点，都可能成为申请专利的素材。然而，一些有着闪光点的发明专利申请，由于撰写的失误而无法获得专利权的保护，笔者在此提出几种常见的撰写缺陷。

1. 未写出制剂解决了何种实质性的技术问题

发明的说明书通常包括以下几部分内容：技术领域、背景技术、发明内容、附图说明（有附图存在时）、具体实施方式。而发明内容部分通常包括：(1) 要解决的技术问题；(2) 技术方案本身；(3) 取得的有益效果。笔者对因创造性未获得专利权的发明申请进行分析发现，部分未授权的且存在创造性问题的案件是由于前期撰写所造成的。这些案件的说明书大量篇幅在写技术方案本身，而忽略了发明所要解决的实质性技术问题和发明取得的技术效果。例如，发明解决的技术问题仅简略地写为"提供一种××的制剂（如片剂，胶囊）"。不可否认，对于预见性较低的领域，如合成了某些具有某一功能或用途的新化合物、新蛋白，提取得到新的核酸，发明的目的可以写成提供一种XX化合物等，但是传统药剂领域是发展得较为成熟的领域，对于技术方案是否能被实施的可预见性高，这类案件仍采用新化合物的撰写方式就不合适了。此外，此类案件还存在的撰写缺陷为仅将有益效果部分笼统地写为提高质量和生产效率，节省材料，使用方便等空而不实的效果。而没有提供上述任何一方面的数据。

相反，一些顺利取得专利权的案件，撰写上也存在共性，这些案件通常会在发明专利申请解决了何种实质性的技术问题上占大量的篇幅，并通常在说明书中公开相应的数据（如稳定性数据等）来支持发明内容部分所声称的有益效果。

【案例1】

一种阿卡波糖咀嚼片，按重量百分比计，由以下组分组成：阿卡波糖：5%～30%；填充剂：60%～90%；润滑剂：0.1%～10%；润湿剂：0～10%；矫味剂：0%～10%；其中所述的填充剂为甘露醇和微晶纤维素、山梨醇和微晶纤维素。

现有技术中公开了阿卡波糖片剂，片剂可为分散片、咀嚼片等，且泛泛地公开了片剂的药用辅料可选择多种组分，包括甘露醇、山梨醇、微晶纤维素、

PVP等。

咀嚼片为一种常规的制剂，本领域技术人员制备出阿卡波糖咀嚼片（不考虑其是否稳定）通常没有技术上的困难。

写法1：一种阿卡波糖……微晶纤维素（技术方案本身）。……本申请的目的为提供一种阿卡波糖咀嚼片，克服现有技术的缺陷，填补现有技术的空白。本申请的阿卡波糖配方合理，质量好，生产率高（但无任何数据支撑）。

写法2：技术方案本身……申请人发现使用了微晶纤维素联合甘露醇或微晶纤维素联合山梨醇可解决阿卡波糖普通片易吸潮的技术问题，按业内的经验，易吸潮的药物，不推荐制成咀嚼片，为了达到制成咀嚼片的目的，发明人一方面避免采用具有引湿性的药用辅料（如PVP、羧甲基纤维素钠），同时巧妙地利用甘露醇或山梨醇在压成片子后可以形成光滑致密的表面的物料特性，可以很有效地延缓空气中水分的快速渗入，有效地避免了成品的吸潮。同时说明书中提供了吸水性对照数据。

对于写法1，发明的目的仅是为了提供一种阿卡波糖咀嚼片，其没有写出技术方案具体能有多稳定，而仅是把技术方案客观地写了出来。而加入的"甘露醇和微晶纤维素、山梨醇和微晶纤维素、甘露醇和山梨醇和微晶纤维素"仅为常规的填充剂。而现有技术已经公开了阿卡波糖咀嚼片，并公开了可选择的辅料甘露醇、山梨醇、微晶纤维素（各种组分的含量的确定也是本领域的普通技术知识）基于这样的撰写，通常会认为该技术方案相对于现有技术是不具备创造性的。

然而，写法2就完全不同，加入的微晶纤维素联合甘露醇或山梨醇所解决的技术问题为克服药物吸潮，现有技术中没有教导微晶纤维素联合甘露醇或山梨醇可以解决吸潮的技术问题，即使本领域技术人员有动机制备常规的阿卡波糖咀嚼片，依然没有动机选用甘露醇和微晶纤维素、山梨醇和微晶纤维素来解决吸潮的技术问题，如此撰写的技术方案是具备创造性的。

同样的技术方案，由于不同的写法将获得不同的结局。当然，笔者认为这样的结果也是合理的。专利权是以公开换保护的排他性权利。写法2的申请人将其发现的技术手段"微晶纤维素分别联合甘露醇或山梨醇可解决阿卡波糖普通片易吸潮的技术问题"予以公开，换取了专利的保护，而写法1未披露该有价值的技术信息，并未就克服"阿卡波糖吸潮性"问题对现有技术作出贡献，其没有获得专利权也是合理的。

即使写法1的申请人在答复创造性通知书时争辩加入的微晶纤维素分别联合甘露醇或山梨醇可解决药物吸潮的技术问题，那也将由于该技术问题没有记载在原申请文件中，无法确定技术问题的发现是在申请日以前以及没有对现有技术作出贡献而无法获得专利权。

2. 未有层次地撰写技术方案

案件的撰写质量不仅在于解决的技术问题是否表述清楚，还在于保护范围是否撰写的合理，虽然部分案件能够被授予专利权，但保护范围极窄，达不到排他目的。因此，技术方案的层次性对于希望用专利保护范围作为排他手段的发明专利是重要的。笔者对因创造性或因未以说明书为依据缩小了保护范围的授权案件进行分析，发现这些案件中的部分未能有层次的限定技术方案，部分案件独立权利要求限定的较宽，具体实施方式实施的范围往往较小，独立权利要求无法得到说明书的支持，除此之外说明书中并未记载处于较宽范围和较窄范围内的合理概括的范围，且没有层次性地限定。这类案件，在审查员指出创造性或不支持的问题后，往往仅能将权利要求的范围概括到具体的实施方式。如果在申请的说明书中能够多层次地限定，合理地概括，那将使得获得的权利范围与发明对现有技术作出的贡献相匹配。

四、意见陈述中存在的误区

创造性是常规制剂类案件的申请人与审查员的主要争论点。不可否认申请人自己是最了解发明本身的，申请人的意见陈述是否到位将影响案件的走向。笔者对 2007~2009 年申请的案件中涉及创造性争辩的案件进行分析，发现申请人在意见陈述中往往存在以下的误区。

1. 产品是新"创造"出来的，就说明产品具有创造性

部分申请人对《专利法》不太了解，在收到不具备创造性的审查意见通知书时，往往会存在一种认识误区，认为发明的产品相对于对比文件1来说有区别，相对于对比文件2也有区别，制剂产品是全新的，是发明人"创造"出来的，因此是具备创造性的。这种意见陈述的误区在于没有搞明白"新颖性"和"创造性"之间的关系，认为新"创造"出来的产品就必然具有"创造性"，即没有把握"创造性"的实质。产品是否第一次被制造出来是"新颖性"的问题，而不是创造性的问题。而"创造性"的实质是非显而易见性，创造性不是看自己的申请相对于对比文件1或对比文件2单独一份现有技术有何区别，而是看现有技术整体（例如，对比文件1和对比文件2）是否具有结合的启示得到自己的申请权利要求中请求保护的技术方案。

2. 得到的制剂处方是通过大量的实验筛选出来的，付出了大量劳动，具有创造性

药物制剂实际上为组合物，组合物的组分和各组分含量是其主要特征。多件申请相对于现有技术，其区别仅在于限定了某些常规辅料（如润滑剂、崩解剂、乳化剂等）的用量。假设技术方案没有取得预料不到的技术效果的前提下，是制剂总要有处方，而确定各组分的含量是确定处方的公知常识，由于对处方中常规辅料的用量确定是药剂领域的普通技术知识，即通过有限的实验（如正交实验）可加以确定的，因此，与现有技术仅含量上存在差别的技术方案通常是不具有创造性的。申请人往往争辩处方是通过很多次实验才获得的，付出了艰辛的劳动。然而艰辛的劳动不代表其为创造性的劳动，利用优化设计方法获得的制剂是否具有创造性与试验的次数、强度等没有必然联系，所属技术领域的技术人员虽然无法预测优化处方制剂的具体性能或者效果，但如果说明书没有证据表明所设计的新制剂解决了何种技术问题或者具有意料不到的性能或技术效果时，该制剂通常不具有创造性。

3. 片面地强调制剂好的效果，然而好的效果是由所选的剂型本身所带来的

药剂领域常会涉及很多常规改剂型的案例，所谓"改剂型"是指通过辅料种类和用量以及加工工艺的变化，将一种药物制剂由一种剂型变为另一种剂型❶。

【案例2】

权利要求请求保护油酰乙醇胺作为降血脂药物的用途，所述药物为口服片剂。

对比文件1公开了油酰乙醇胺作为降血脂药物的用途，所述药物为注射给药。

申请人认为对比文件1所公开的是一种注射用药，而作为治疗高血脂及防治非酒精脂肪肝药物，需要长期用药，还是口服方便，而且费用较低。认为片剂相对于注射液有更好的效果。事实上，口服片剂相比于注射制剂更方便，适应性更好是本领域技术人员可以预期的，这种优势是由片剂本身所带来的，而不是申请人对现有技术作出的贡献，因此片面地强调制剂的效果好，并不能使得发明具备创造性。

4. 意见陈述的效果没有事实依据

没有申请经验的申请人往往分不清发明所取得的有益效果和发明取得的预料不到的技术效果，有益的效果是相比于现有技术好的效果，而预料不到的技术效果是指发明同现有技术相比，其技术效果产生了"质"的变化，具有新的性能；或者产生"量"的变化，超出了人们预期的想象❷。当发明相对于现

---

❶刘启明. 药物制剂创造性判断的思考［J］. 审查业务通讯，2008（11）.

❷中华人民共和国国家知识产权局. 专利审查指南2010［M］. 北京：知识产权出版社，2010.

有技术是显而易见的情况下，发明是否取得预料不到的技术效果将成为发明是否能够授权的关键因素。

【案例3】

一种环磷腺苷葡胺注射液，其药物有效成分为环磷腺苷、葡甲胺和柠檬酸。现有技术公开了环磷腺苷葡胺注射液，并在文件的其他部分提及可加入pH调节剂柠檬酸。相对于现有技术的结合，该技术方案是显而易见的，申请人在意见陈述中强调该注射液框架稳定性突出，即加入的柠檬酸使得环磷腺苷葡胺稳定，原始申请文件中并未给出任何实验数据说明加入了柠檬酸可使得注射液框架稳定性增加。

通常没有实验依据的效果是不具有说服力的，如果该技术效果是本领域技术人员根据本领域的现有技术的水平就可预料到的，其不能成为预料不到的技术效果，而如果该效果是预料不到的，但又没有记载在原申请文件中，那么该预料不到的技术效果也是不可能被承认的。因此，对于预料不到的技术效果的意见陈述需要基于发明中明确公开的定性或定量数据，或基于在申请文件中记载的确凿的事实。否则关于有益效果（包括预料不到的技术效果）的陈述通常不能给申请带来创造性。另外，此类补交的数据通常也不能被接受。

5. 对预料不到技术效果的争辩忽略权利要求的保护范围

发明申请还存在这样一种情况，权利要求概括的范围非常大，说明书的实施方式中记载了较窄范围的技术方案是能够取得预料不到的技术效果的，当审查员评述了概括较大范围的权利要求不具备创造性的情况下，申请人往往争辩实施例部分取得了预料不到的技术效果，而忽视了预料不到的技术效果与权利要求范围的出入。预料不到的技术效果应当是在发明要求保护的整个范围内都可以达到的，如果只有发明的一部分能够达到该效果，而另一部分不能达到该效果，而且该效果又是创造性的唯一争辩理由，则认为发明缺乏创造性。

五、结　语

以上是笔者从专利审查角度对常规药物制剂申请中的撰写缺陷和答复误区的一些想法和认识，其中总结的一些共性问题也可能存在于其他发明点较低的领域，在此抛砖引玉，共同为提高专利申请文件的质量贡献力量。

透过侵权诉讼和无效诉讼看申请文件的撰写

李小童[*]

【摘　要】

　　本文介绍了一个典型案例的无效诉讼和侵权诉讼过程，并通过诉讼中的争论焦点分析了专利权人最终没有获得法院支持与申请文件撰写缺陷的关系，提出了对申请文件撰写的建议。

【关键词】

　　申请文件撰写　　侵权诉讼　　无效诉讼

　　申请文件的撰写对于专利权的顺利获取、保护范围的合理界定以及授权后的权益保护都有着决定性的影响。在司法实践中，很多具有较大技术价值和经济价值的专利仅仅由于最初撰写的缺陷，在实质审查过程中对申请文件的修改难以克服原有的缺陷，在授权后遭遇侵权诉讼时不能有效维护专利权人的利益，甚至因为一些本来稍加注意就能避免的缺陷导致专利权被利益相关人申请无效，令人不禁扼腕叹息。

　　本文透过一个典型案例在无效诉讼和侵权诉讼中的主要争论焦点，探讨如何撰写申请文件能够更好维护专利权人合法权益。

一、涉案专利简介

　　申请人孔彦平于 1995 年 12 月 5 日提交了发明名称为"一种防治钙质缺损的药物及其制备方法"的发明专利申请，原始权利要求 1 请求保护的技术方案为："1. 一种防治钙质缺损的药物，其特征在于：它是由下述重量配比的原料

---

[*] 作者单位：国家知识产权局专利局专利审查协作河南中心。

制成的药剂：可溶性钙剂 4～8 份，葡萄糖酸锌或硫酸锌 0.1～0.4 份，谷氨酰胺或谷氨酸 0.8～1.2 份。"原始权利要求 2 请求保护的技术方案为："如权利要求 1 所述的一种防治钙质缺损的药物，其特征在于所述的可溶性钙剂时葡萄糖酸钙、氯化钙、乳酸钙、碳酸钙或活性钙。"

在实质审查过程中，由于审查员提出权利要求 1 不符合《专利法》第 26 条第 4 款的质疑，申请人将权利要求 1 修改为："1. 一种防治钙质缺损的药物，其特征在于：它是由下述重量配比的原料制成的药剂：活性钙 4～8 份，葡萄糖酸锌或硫酸锌 0.1～0.4 份，谷氨酰胺或谷氨酸 0.8～1.2 份。"同时申请人删除了原权利要求 2 中对可溶性钙剂的定义。权利要求 2～4 则对剂型和制备方法作了进一步限定。

说明书发明内容部分存在和原始权利要求相同的表述，实施例 1 给出了含葡萄糖酸钙的产品具体实例，实施例 2 中则将实施例 1 的葡萄糖酸钙替换为活性钙，并改变了原料用量比例。说明书中记载了"本发明药物"的疗效实验数据，但是并没有明确给出上述疗效数据对应的产品具体组成。

申请人孔彦平于 2001 年 1 月 10 基于修改后的权利要求获得授权。

二、无 效 诉 讼

1. 专利复审委员会无效宣告阶段

2006 年 11 月 13 日，第一无效请求人湖北午时药业股份有限公司（以下简称"午时药业"）针对该专利向专利复审委员会（以下简称"复审委"）提出无效宣告请求，认为该发明药剂的主要成分活性钙是一种组成、钙含量及物化性能均不确定的混合物，其组成因原料、制备方式、添加物的不同而不同。而该专利说明书没有对其作出清楚、完整的说明，致使所述技术领域的技术人员不能实现本发明。因此该专利说明书公开不充分，不符合《专利法》第 26 条第 3 款之规定。

2008 年 11 月 6 日，第二请求人湖北福人金身药业有限公司（以下简称"福人药业"）针对该专利也向复审委提出了无效宣告请求，同样认为说明书公开不充分，不符合《专利法》第 26 条第 3 款之规定。但是福人药业的理由与午时药业并不相同，其主要理由有三条：第一，谷氨酸与葡萄糖酸锌反应生成难溶于水的谷氨酸锌，权利要求 1～4 的药物因葡萄糖酸锌被除去而无法解决其技术问题；第二，活性钙又称牡蛎碳酸钙，系由牡蛎壳经高温煅烧转化制成的碳酸钙，几乎不溶于水，在此情况下所制得口服制剂将因钙含量过低而无法达到补钙目的；第三，专利未对所要求保护的药物的确认、制备和使用效果给出明确说明。

2008年12月24日，复审委进行了口头审理。专利权人认为，活性钙在本专利申请日之前并无严谨、统一的解释，其在本专利中指具有生理活性的可溶性钙剂，是葡萄糖酸钙的上位概念。说明书充分公开了本专利产品的确认、制备及用途，应当整体看待说明书发明内容部分公开的信息，在对所述药理和毒理试验进行描述时所使用的"本发明的产品"自然就是此前已清楚确认其配比、组成及制备方法的药物。实施例1即是对授权的权利要求1~4的优选实施方案的举例，实施例2是平行的可替换实例。

复审委认为，该专利权利要求1~4保护一种防治钙质缺损的药物，该药物是由特定重量配比的活性钙、葡萄糖酸锌和谷胺酰胺或谷氨酸制成的药剂。由本专利说明书记载的内容可知，本发明的目的在于提供一种吸收快、效果好、服用方便、无毒副作用的一种防治或治疗钙质缺损的药物。所述药物由可溶性钙剂、葡萄糖酸锌或硫酸锌，以及谷胺酰胺或谷氨酸制成。其中可溶性钙剂可选用葡萄糖酸钙、氯化钙、乳酸钙、碳酸钙或活性钙。

授权公告的本专利权利要求1~4是具体选择了由活性钙、葡萄糖酸锌与谷胺酰胺或谷氨酸按一定配比组合而制成的药物技术方案。本领域技术人员根据现有技术无法预测由上述多种组分制得的药剂能够实现该发明所要达到得技术效果，因此其效果需要相应得实验数据加以验证。虽然说明书第3~11页记载了对儿童佝偻病及承认骨质疏松症进行疗效观察得实验资料，并列出了具体的疗效结果数据，但是并未披露获得上述疗效观察结果所采用的药物样品，本领域普通技术人员不能根据说明书记载的内容得知上述疗效结果数据究竟是采用何种组成的药物而获得，也无法确信本专利要求保护的药物具有说明书中声称的效果。

复审委于2010年6月3日作出第14944号决定，宣告该专利权全部无效[1]。鉴于上述审查已经得出权利要求1~4无效的结论，复审委未对第二申请人提出的无效宣告理由和证据予以评述。

2. 法院诉讼阶段

专利权人孔彦平不服复审委作出的无效决定，向北京市第一中级人民法院（以下简称"北京一中院"）提起行政诉讼。

北京一中院认为：孔彦平关于"本专利中的活性钙是指具有生理活性的可溶性钙剂"、"葡萄糖酸钙为活性钙的一种"的主张均不能成立，该专利说明书的实施例1并不能构成对该专利权利要求1~4的优选实施方案的举例。

---

[1] 国家知识产权局专利复审委员会无效宣告请求审查决定第14944号。

孔彦平关于说明书中药效学数据归属于该专利权利要求 1~4 的主张缺乏事实依据，说明书中并无针对权利要求 1~4 的技术方案的实验数据。第 14944 号无效宣告请求决定结论正确，应当予以维持。

孔彦平不服一审判决，向北京市高级人民法院提起上诉，仍然坚持之前的主张和理由。北京市高级人民院于 2011 年 10 月 27 日作出终审判决，驳回上诉，维持原判❶。

三、侵权诉讼

2006 年 4 月，专利权人孔彦平与澳诺（中国）制药有限公司（以下简称"澳诺公司"）签订了独占实施许可协议。2006 年 11 月 25 日，澳诺制药起诉至河北省石家庄市中级人民法院称：澳诺制药发现午时药业生产并在河北等地广泛销售其产品新钙特牌"葡萄糖酸钙锌口服溶液"，并在王军社经营的保定市北市区鑫康大药房公证购买了被诉侵权产品。该产品说明书载明成分为：每 10ml 含葡萄糖酸钙 600mg、葡萄糖酸锌 30mg、盐酸赖氨酸 100mg。

为了判断午时药业公司生产的"葡萄糖酸钙锌口服溶液"技术特征是否落入澳诺公司所主张的专利权保护范围，一审法院委托了北京紫图知识产权鉴定中心进行技术鉴定。该机构作出的鉴定报告认为：午时药业产品含有葡萄糖酸钙，而涉案专利是活性钙，活性钙与葡萄糖酸钙同样都是可使用的能被人体吸收的钙剂，作为补钙药剂的原料两者是等同的，可供任意选择的；午时药业产品含有盐酸赖氨酸，涉案专利为谷胺酰胺或谷氨酸，盐酸赖氨酸与涉案专利的谷氨酸是不同的氨基酸，具有不同的营养价值，但在防治钙质缺损的药物中两者是与钙剂配伍使用，且均实现促进钙吸收的功能和效果，所以二者等同；除上述特征等同外，午时药业产品与涉案专利两者用途相同，其余原料相同，均为葡萄糖酸锌，各种原料的用量比例相同。鉴定结论为，午时药业的产品与涉案专利的技术方案相等同。石家庄市中级人民院采纳了上述鉴定结论，判定午时药业侵权成立。随后河北省高级人民法院在二审中维持了一审判决。

午时药业不服上述判决，向最高人民法院申请再审，主要理由为：第一，涉案专利权利要求 1 为封闭型，被诉侵权产品则含有超出权利要求 1 封闭范围的其他多种组分，并未落入保护范围；第二，专利权人在涉案专利审批程序中，将使用葡萄糖酸钙作为钙质组分的技术方案从公开的权利要求中予以删除，该行为对涉案专利产生禁止反悔的法律后果；第三，涉案专利权利要求 1

---

❶ 北京市高级人民法院判决书（2011）高行终字第 1484 号。

所限定的"活性钙"组分与被诉侵权产品所使用的"葡萄糖酸钙"组分具有截然相反的水溶性，所以在用以制备以水为溶解介质的口服溶液类药物的原料方面，两者具有本质区别，不属于可等同替换的技术手段。

澳诺公司辩称：第一，权利要求1并非封闭的表达方式，并且无论权利要求1是否封闭，被诉侵权产品均落入其保护范围；第二，涉案专利在审批过程中并未针对新颖性和创造性进行修改，也没有明确放弃或者删除哪些内容，专利权人将"可溶性钙剂"修改为"活性钙"是一种澄清性修改，不适用禁止反悔原则。

最高人民法院观点：第一，权利要求1不属于《专利审查指南2010》中列举的封闭式表达方式，并且通过权利要求2的进一步限定也可以进一步佐证权利要求1的开放性；第二，基于专利申请公开文本的内容，葡萄糖酸钙与活性钙是并列的两种可溶性钙剂，葡萄糖酸钙并非活性钙的一种；第三，专利权人在专利授权程序中对权利要求1的修改放弃了包含葡萄糖酸钙的技术方案，根据禁止反悔原则，专利申请人或者专利权人在专利授权或者无效宣告程序中通过对权利要求、说明书的修改或者意见陈述而放弃的技术方案，在专利侵权纠纷中不能将其纳入专利权的保护范围。因此，涉案专利权的保护范围不应包括葡萄糖酸钙的技术方案。

最高人民法院据此撤销一审判决、二审判决，驳回澳诺公司诉讼请求❶。

四、申请文件撰写缺陷与诉讼失败的关联

1. 申请文件撰写缺陷导致说明书公开不充分

该案专利权人无论是在无效诉讼还是在侵权诉讼中均没有得到法院最终的支持，专利权人利益的损失并非由于发明技术方案本身创造性高度不够，而是主要由于申请文件撰写缺陷造成的，所述缺陷包括以下三个方面。

第一，原始申请文件的权利要求和说明书存在含义不清楚的技术术语。根据该案现有证据资料研判，活性钙这一技术术语不具有本领域公知的确定的含义。根据专利权人提交的两份司法鉴定书，鉴定书1的结论为："活性钙的制备方法可以有多种，煅烧牡蛎壳提取钙质的制备方法只是获得活性钙的多种制备方法之一"，鉴定书2的鉴定结论为："所谓活性钙，目前尚无严谨统一的定义"。这两份鉴定书互相矛盾，而且和其本人在诉讼过程主张的"具有生理活性的可溶性钙剂"也相矛盾。然而，本案专利权人针对权利要求1和实施例

---

❶ 最高人民法院判决书（2009）民提字第20号。

2中均涉及的活性钙，先后通过鉴定书1、鉴定书2和专利权人的陈述给出三种不同的解释，这使得公众对实施例2真实性的信任程度大打折扣，也会影响法官对最终裁判结果的考虑。

第二，修改过程中将原本不重要的缺陷技术方案上升为主要技术方案。如果仅仅基于原始申请文件来看，虽然存在含义不清楚的技术术语活性钙，但是这种缺陷只会影响产品中包含活性钙的技术方案。遗憾的是，伴随着专利权人在实质审查阶段的修改，将包含活性钙的技术方案作为授权权利要求1的保护主题，使得全部权利要求1~4的技术方案都没有在说明书中得到充分公开，将原本无足轻重的缺陷变成了致命的缺陷，从而导致全部权利要求被宣告无效。

第三，说明书中疗效数据没有对应于确定的技术方案。复审委的无效决定更多地考虑了发明的技术效果没有得到实验数据的验证，而较少侧重活性钙这一技术术语本身的清楚性。其实，在说明书的第3~11页，专利权人使用大量篇幅描述了其产品在临床上的疗效观察结果，既有详尽的观察测试方法，也有丰富翔实的测试数据，更不缺乏明确的分析结论。然而，独独没有记载上述疗效实验所对应的产品组成，这完全是由于专利权人的疏忽所致。虽然在无效宣告和诉讼程序中专利权人声称上述疗效数据对应于权利要求1~4所保护的药物，但是这种主张既缺乏说明书记载的支持，也违背普通逻辑和一般常识，导致最终未被采信。

2. 申请文件撰写缺陷导致相同侵权变成等同侵权

目前，世界各国基本形成了一种共识，即侵犯专利权的行为包括相同侵权行为和等同侵权行为两种类型❶。本案中，专利权人即主张午时药业产品中的葡萄糖酸钙与本专利中的活性钙等同，午时药业产品中的盐酸赖氨酸与涉案专利中的谷胺酰胺或谷氨酸等同，但是专利权人的主张未能获得最高人民法院的支持。放眼世界范围，等同侵权的判断没有统一标准，等同范围的宽窄也很难精确把握。同一案例在不同国家之间、在同一国家不同地区之间，以及在同一国家的不同审级之间，判决结果很可能不尽相同。

对比原始权利要求和授权权利要求可以发现，原始权利要求书的从属权利要求2中本来明确保护了葡萄糖酸钙，但在授权权利要求中葡萄糖酸钙却不见踪影。如果专利权人在实质审查程序中没有将葡萄糖酸钙从权利要求中删除，那么午时药业产品中的葡萄糖酸钙将和涉案专利权利要求中的葡萄糖酸钙相同而非等同，专利权人主张午时药业侵权的理由将更加充分。可见，专利权人的

---

❶ 尹新天. 中国专利法详解[M]. 缩编版. 北京：知识产权出版社，2012：462.

不适当修改减弱了自己专利的保护力度，而实质审查程序中的不适当修改，归根结底是由于原始申请文件撰写不够完美所致。

更进一步，如果专利权人在撰写申请文件时基于对现有技术的适当检索而对技术方案合理扩充，将盐酸赖氨酸纳入权利要求的保护范围之内，那么午时药业的产品将和涉案专利构成完全相同侵权，相信法院会对侵权诉讼作出不同的判决结果。

3. 申请文件撰写缺陷导致陷于禁止反悔原则的桎梏

最高人民法院否决专利权人主张的另一个重要原因就是禁止反悔原则。

关于禁止反悔原则，司法解释对其含义的界定经历了一个逐渐变化的过程。在早期的《专利侵权判定若干问题的意见（试行）》（京高法发［2001］229号）第43条规定，禁止反悔原则，是指在专利审批、撤销或无效程序中，专利权人为确定其专利具备新颖性和创造性，通过书面声明或者修改专利文件的方式，对专利权利要求的保护范围作了限制承诺或者部分地放弃了保护，并因此获得了专利权，而在专利侵权诉讼中，法院使用等同原则确定专利权的保护范围时，应当禁止专利权人将已被限制、排除或者已经放弃的内容重新纳入专利权保护范围❶。此项规定中将禁止反悔原则的适用情形仅限于专利权人克服新颖性和创造性缺陷所作的声明或修改，而其他情形下的声明与修改不在其内。一审法院和二审法院正是根据上述司法解释作出支持专利权人的判决。

但是其后公布的《最高人民法院关于审理侵犯专利权纠纷案件应用法律若干问题的解释》第6条规定，专利申请人、专利权人在专利授权或者无效宣告程序中，通过对权利要求、说明书的修改或者意见陈述而放弃的技术方案，权利人在侵犯专利权纠纷案件中又将其纳入专利权保护范围的，人民法院不予支持。该司法解释将禁止反悔原则的适用情形从克服新颖性创造性缺陷延伸到了其他所有的声明和修改。

涉案专利由于在实质审查阶段将葡萄糖酸钙从权利要求中删除，虽然修改的目的是为了克服实审审查员所指出不符合《专利法》第26条第4款规定，而非新颖性和创造性问题，但是根据新的司法解释，仍然适用禁止反悔原则。

不妨重新分析实审审查员的意见，审查员仅指出上位概念"可溶性钙剂"没有得到说明书的支持，并未指出葡萄糖酸钙没有得到说明书的支持。恰恰相反，审查员还提到说明书对葡萄糖酸钙和活性钙给出了实施例，亦即审查员认为针对葡萄糖酸钙的技术方案，说明书是给出了足够的配方和效果支持的，专

---

❶ 何怀文. 权利要求解释、等同原则与禁止反悔：专利审查档案的法律效力［J］. 中国专利与商标，2011（3）：3-9.

利权人却在权利要求中删除了葡萄糖酸钙，着实让人费解。猜测专利权人的修改思路，可能专利权人在撰写申请文件时并未对相关背景技术进行深入检索，而是先入为主的自行认定活性钙就是包括葡萄糖酸钙在内的具有生理活性的可溶性钙剂。但是这种理解在现有技术中没有依据，这是专利权人的第一个失误；同时，专利权人并未将其对活性钙的理解和定义写入申请文件，这是其第二个失误；即便专利权人认定葡萄糖酸钙是活性钙的下位概念，也应当在从属权利要求中对其进一步限定，以构建多层次保护范围，但是专利权人没有这样做，这是其第三个失误。可见，仍然是专利权人修改的缺陷和申请文件撰写的缺陷导致自己收到禁止反悔原则的禁锢，侵权诉讼中最终失败。

其实，申请文件撰写缺陷的深层次原因是专利权人对发明内容的理解熟悉程度和对现有技术的认知水平欠缺。对任何一件发明而言，专利权人或申请人都应当是最熟悉和最了解的人，专利权人随时都应当针对公众的质疑给出明确的答复。本案专利权人在实质审查和诉讼过程中对技术问题的解释前后反复，至少说明了专利权人在撰写申请文件时对发明内容的理解并不深入，那么自然难以撰写出无瑕疵的申请文件。反之，如果专利权人在撰写申请文件时对发明内容和现有技术有着足够的了解，那么撰写的申请文件自然会顺利的通过实质审查，根本无需放弃相关技术方案，也自然不会受到禁止反悔原则的伤害。

五、透过诉讼看申请文件撰写启示

1. 说明书应当真实可信

权利要求书和说明书既是技术文献，也是法律文件，其真实性应当首先得到保证。真实的含义有三：一是技术方案和实施例应当是真实的；二是技术效果和解决的技术问题应当是真实的；三是申请文件中涉及的各种实验数据应当是真实的。任何不真实之处都有可能在关键时刻成为改变诉讼结果的最后一根稻草，导致专利权人利益受损。

2. 技术方案应当清楚准确

清楚既是《专利法》第 26 条第 3 款对说明书的要求，也是《专利法》第 26 条第 4 款规定的权利要求必须满足的条件。申请人在撰写原始申请文件时就应当力图满足上述要求，因为一旦在实质审查程序中被审查员发现不符合上述两个条款规定之处，则可能会面对不能获得授权的风险。即便通过修改和陈述获得了授权，也会因为禁止反悔原则而受到后续程序的约束，很容易导致利益受损。如果申请文件的缺陷在实质审查程序中未被审查员发现，带病授权，一旦遭到利益关联方提出无效，损失则可能更为严重。

准确不仅是指技术方案准确和技术效果准确,而且技术方案和技术效果之间的对应关系也要准确。实施例的技术方案必须是具体和可重复的,如果实施例中涉及活性钙这种含义不确定的术语,实施例就会变得形同虚设,无法在后续程序中为专利权人提供有力证据。涉及效果实验的内容,必须对应于具体的技术方案,只有这样才能证明发明相对于现有技术的改进和所带来的效果。

3. 撰写申请文件一定要站在本领域技术人员的高度

正如上文所述,申请文件撰写缺陷深层次原因还是专利权人对发明内容本身理解不深以及对现有技术的了解不够。因此,撰写申请文件时一定要让自己站在本领域技术人员的高度,基于对现有技术的了解而进行。

首先,要进行必要的检索,了解相关技术的发展现状;其次,要对检索结果进行认真阅读和学习,补充必要的背景知识;最后,特别应注意克服先入为主、自以为是的不良倾向,对于一些自以为烂熟于胸的技术术语,尤其是涉及发明核心内容的技术术语,一定要充分调查自己理解的含义和现有技术中的一般认识是否有偏差。

4. 权利要求涉及的技术方案应当进行合理扩充

在权利要求的撰写中,特别是在化学领域,很多物质既存在较上位的、涵盖更大范围的上位概念,也存在较下位的、涵盖范围较小的下位概念;同时,很多化合物也都存在同类的、与其具有相似功能和效果的同类化合物。因此,申请人在对现有技术作出一定贡献的基础上,也可以基于发明所涉及物质的结构和效果进行一定的扩充,构建多层次保护体系。从而尽可能将更多潜在技术方案纳入相同侵权的范围,避免侵权诉讼时遭遇判断等同侵权容易产生争议的尴尬。

5. 对审查员的意见不应盲从

在实质审查程序中审查员对申请文件所涉及缺陷的质疑是一种合理质疑而非绝对质疑。由于申请文件体现信息的有限性和人的认识的有限性,审查员的审查意见完全存在偏差的可能,甚至也存在偶尔错误的可能,此时需要申请人从事实出发进行一定的澄清和说明,帮助审查员深入理解发明。不应为了一味追求快速授权而无原则地接受审查员的修改意见,避免实质审查过程中的修改为后续诉讼带来困难。

总之,专利权人向国家知识产权局递交的第一份申请文件非常重要。与其在申请文件的缺陷出来之后再修修补补、扬汤止沸,当然不如在最初撰写申请文件时就正本清源、釜底抽薪,努力创造出一份清楚准确、没有瑕疵的申请文件,从而一劳永逸,最大程度地维护专利权人自己的利益。